D1829808

HEYNE BÜCHER

HEYNE RAT-GEBER

UDO W. WOLFF

SKIFAHREN

Von den Grundbegriffen
bis zur Perfektion

Originalausgabe

WILHELM HEYNE VERLAG
MÜNCHEN

HEYNE-BUCH Nr. 4509
im Wilhelm Heyne Verlag, München

2. Auflage

Printed in Germany 1977
Umschlag- und Innenfotos: Manfred Uselmann, München
Zeichnungen: Holger Majorahn, München
Umschlaggestaltung: Atelier Heinrichs, München
Satz: Pustet, Regensburg
Druck: Presse-Druck Augsburg

ISBN 3-453-41187-0

Inhaltsverzeichnis

Vorwort

Freunde, denen ich von meiner Absicht erzählte, dieses Buch zu schreiben, warnten mich – höchst egoistisch – und entsprechend nachdrücklich: »Bei Skifahrern wird sich heute kein Autor sonderlich beliebt machen, der bei noch mehr Menschen die Freude am Skilauf weckt und fördert. Die Pisten sind heute schon so voll . . .«
Sei's drum! Mache ich mich unbeliebt. Auch wenn dieses Buch ungeschrieben bliebe, könnte damit eine Entwicklung nicht aufgehalten werden, die viele Leute in Erstaunen versetzt hat: Verkehrsdirektoren von Wintersportorten, Skiliftbesitzer, Skilehrer, die Hersteller von Skis und Zubehör, einschließlich der Skischuh-Fabrikanten und Skidreß-Hersteller und wer sonst noch an diesem herrlichen Sport verdient, weil er ihm – oder den Aktiven – dient.
Keine andere Freiluftsportart – Tennis vielleicht ausgenommen – hat in den letzten Jahren so viele aktive (!) Freunde gewonnen wie das Skifahren, der Skilauf. An jedem schönen Wintertag – und nicht wie früher nur an Wochenenden – bevölkern Hunderttausende von Skifans die Pisten.
Dazu hat sicherlich die rasante Entwicklung auf dem Skiausrüstungsmarkt, die ständige Erweiterung und Erschließung der Wintersportgebiete durch Skizirkusse mit Bergbahnen, Skiliften und gepflegten Pisten genauso beigetragen wie die Erkenntnis, daß kein Urlaub der Gesundheit dienlicher ist, als ein aktiver Winterurlaub. Sei es nun, daß man danach strebt, ein bewunderter Pistentiger zu werden, oder gemächlicher dem – auch ganz schön anstrengenden – Langlauf nachgeht, der sich inzwischen zu einem Familiensport entwickelt hat. Skifahren ist »in« und gesund, wenn man es richtig macht. Und damit Sie das Skilaufen richtig erlernen, wurde dieses Buch geschrieben.

Wenn Sie sich überlegen, daß der älteste Ski, den man in Hoting in Schweden gefunden hat, rund 4500 Jahre alt ist, die älteste bildliche Darstellung des Skilaufs von Historikern auf das Jahr 2000 vor Christi Geburt datiert wird – man fand die Felszeichnung in Roedoey in Nordnorwegen –, dann sollten wir Menschen des 20. Jahrhunderts uns doch von unseren Altvorderen nicht im Beherrschen des Skilaufs beschämen lassen. Wenn Sie es nicht glauben: Die Felszeichnung können Sie im Norwegischen Ski-Museum in Oslo bewundern.
Daß es schon immer Skiläufer und Nichtskiläufer gegeben hat, mag die trösten, die aus Angst vor Knochenbrüchen nur am Rande der Pisten zuschauen. Schon der byzantische Geschichtsschreiber Procopius berichtet von »Skridfinns«, Finnen, die den Skilauf beherrschten, und anderen Finnen, die es eben nicht konnten, ohne die Letzteren zu diffamieren.
Sicher ist, so eine Art Ski wurde schon sehr früh in unserer Geschichte – zwangsläufig – von Leuten benutzt, die in schneereichen Gegenden mit langen Wintern leben mußten, um sich und ihre Lasten fortzubewegen. Das war damals nicht Wintersport, sondern reine Notwendigkeit, um zu überleben.
Und wie jede gute und zweckmäßig zivile Erfindung wurden die Ski auch bald für militärische Zwecke mißbraucht. Ein dänischer Geschichtsschreiber berichtet bereits 1199, daß die Dänen Skipatrouillen im Krieg gegen die Finnen zur Erkundung des Gegners einsetzten. Und durch seine Skikundschafter gewann König Sverre die Schlacht bei Oslo. Im Ersten Weltkrieg führten Österreicher und Italiener, natürlich auch Deutsche in den Alpen Krieg auf Ski, genauso wie im Zweiten Weltkrieg die Finnen, Russen und die deutschen Gebirgsjäger. Doch genug mit diesem militärischen »Abstecher«; Skilaufen ist ein ziviler Sport, wenn er bei den professionellen Amateur-Aktiven auch hin und wieder zum gnadenlosen Kampfsport ausartet.
Für uns aber, die wir mit dem Skilaufen beginnen, soll es nichts weiter als ein erholsamer – wenn auch manchmal anstrengender – Spaß sein, der uns physisch und psychisch fordert, bisher unerkannte Talente in uns weckt.

Für viele Anfänger wird das Vergnügen am und die Begeisterung für diesen Sport allerdings getrübt, weil ihr sportliches Können – anfangs – nicht Schritt hält mit den technischen Gegebenheiten. Während andere auf der Piste gekonnt die Hänge herunterwedeln, -fahren, -rasen, quälen sie sich – stets nur darauf bedacht, ja nicht zu stürzen und sich zu verletzen – recht und schlecht (meist schlecht) den Hang herunter. Das aber muß nicht sein.

Skifahren kann man lernen wie Radfahren, Schwimmen oder Schlittschuhlaufen. Aller Anfang ist schwer und ist noch schwerer, wenn man falsch anfängt. Wir reden hier nicht vom alleinseligmachenden unbedingt einzuhaltenden Fahrstil. Diese Zeiten des Exerzierreglements für Skifahrer sind seit Jahren vorbei. Heute kann jeder so laufen, wie es ihm liegt. Lassen Sie sich da nicht von gewissen »Lehrmeinungen« über Laufstile irre machen. Wenn Sie auf ihre persönliche Art einen Hang gut herunter kommen, stoppen und die Richtung wechseln können, wenn es erforderlich ist, ist die Art, wie Sie es machen, ziemlich gleichgültig. Legen Sie Wert auf elegantes, flüssiges Fahren, werden Sie es schon lernen. Auch beim Skilaufen kann man den zweiten Schritt nicht vor dem ersten tun, ohne zu stolpern.

Dieses Buch will weiter nichts, als Ihren Spaß am Skifahren erhalten und vergrößern. Spaß aber macht das Skifahren auch dem Anfänger nur, wenn er merkt, daß er Fortschritte macht. Von den ersten Schritten auf dem flachen Hügel, dem ersten zaghaften »Abfahren« bis zum gelungenen Hinuntergleiten oder Hinunterwedeln ist der Weg gar nicht so weit, wie es scheint, wenn man fleißig übt, nichts überhastet.

Denn zum Spaß gehört auch die Fähigkeit, mit der Zeit buckelige Pisten und vereiste Hänge »abfahren« zu können, ohne zu stürzen. Und das auf möglichst einfache, individuelle Weise. Beginnen sollten Sie auf Pisten mit nicht zu starker Neigung und leichter Pulver- oder Firnschneeauflage. Doch auch das Fahren im Tiefschnee werden Sie lernen, wenn Sie es wollen. Das hängt ganz von Ihnen und Ihren Interessen ab.

Ich will Ihnen nicht abraten, als Anfänger einen Skikurs zu belegen. Das können Sie tun, wie Sie wollen. Dennoch gebe ich Ihnen den Rat, lesen Sie dieses Buch aufmerksam und versuchen Sie als Anfänger oder leicht Fortgeschrittener für sich allein, das Skifahren zu lernen oder Ihren Skilauf zu verbessern.

Das individuelle Üben hat den Vorteil, daß Sie das Tempo Ihrer Fortschritte selbst bestimmen, daß Sie selbst am deutlichsten merken, wo Sie Fortschritte machen und wo Sie noch üben müssen.

Es ist psychologisch erklärlich, daß mancher, ist er nun wieder einmal (Ski)-ABC-Schütze, im Kreise seiner Mitschüler gehemmt ist, Fehler macht, die er – übte er allein – nicht machen würde. Doch dieses Buch ist keine »Dienstvorschrift« für angehende Skiläufer. Es soll lediglich Hilfen geben. Ich habe nur versucht, einen praktischen Ratgeber zu schreiben, der jedem, der das Skifahren erlernen oder sich darin etwas verbessern will, nützliche Hilfen geben kann. Und dabei sollen auch die Freunde des Skilanglaufs oder des Skiwanderns nicht vergessen werden.

Nun heißt es: »Wer gehen kann, kann auch Skiwandern!« Das stimmt in groben Zügen, doch auch der perfekte Langlauf will gelernt sein, soll er Spaß und Erholung bringen. Gerade weil der Skilanglauf so viele Möglichkeiten zur sportlichen Betätigung bietet – bis hin zum Rennlauf –, hat er in den letzten Jahren viele Freunde gefunden. Gerade auch bei den Skifans, die den Reiz des Wintersports erst mit etwa 40 entdeckten. Hier spielt sicher eine Rolle, daß der Langläufer keine Angst vor vereisten Pisten, steilen, rasanten Abfahrten haben muß, und daß eine Langlaufausrüstung doch beachtlich billiger ist als eine alpine Ausrüstung. Daß sie auch erheblich leichter und darum einfacher zu transportieren ist, sei nur am Rande erwähnt. Eine alpine Skiausrüstung wiegt immerhin mit Bindung und Schuhen so um die 10 kg, eine Langlauf-Ausrüstung hingegen nur ungefähr 3 kg, eine Rennausrüstung sogar nur etwa 2,1 kg bis 2,3 kg.

Doch genug der Theorie, wenden wir uns der Praxis zu, die ich mit einem Einkaufstip für Anfänger verbinden möchte. In Lektion 1 erfahren Sie alles, was Sie über Skiausrüstungen wissen

müssen. Gleichgültig was immer Sie einkaufen, es hat sich für den Anfänger bewährt, die herabgesetzten Angebote der Sportausstatter zu kaufen, d. h. Ski und Skikleidung aus der auslaufenden Produktion des Vorjahres. Sie sind gewiß nicht schlechter als die aktuellen, neuen Angebote, die lediglich modischer sind. Und sie gehen ja zu keiner Skimodenschau, sondern auf die Piste, um das Skilaufen zu lernen. Dabei kann es Ihnen herzlich gleichgültig sein, ob Ihre Ski die neueste »Kriegsbemalung« des Jahres oder die des Vorjahres tragen. Das gleiche gilt für die Modefarben oder Moderaffinessen von Anoraks, Skihosen, Pullover oder Skistiefel.
Sicher ist eines: Kaufen Sie aus diesen Sonderangeboten von Markenfirmen, sparen Sie eine Menge Geld. Und die Erstausstattung für einen Skiläufer ist nicht billig. Doch Genaues dazu nun in den Lektionen 1 und 2.

Lektion 1

Skikleidung und Skizubehör und worauf man beim Einkauf achten sollte – Skiunterwäsche und Sonnenschutzmittel gehören unbedingt mit zur perfekten Ausstattung

Da man die Piste nicht nackt betritt – selbst begeisterte FKKler tun das der Kälte wegen nicht –, beginnen wir folgerichtig mit der Skikleidung. Sie und das Skizubehör haben in den letzten Jahren eine Entwicklung erfahren, bei der der Konkurrenzkampf dazu geführt hat, daß sich nur noch Spitzenprodukte auf dem Markt behaupten können. Es ist also völlig gleichgültig, welche »Marke« Sie kaufen. Alle großen Skiausstatter liefern sportlich schicke, modische Kleidung. Wichtig für Sie ist allein, ob sie zu Ihnen paßt, nicht so sehr in den Farben und dem Schnitt, sondern in ihrer Praktikabilität. Praktisch muß die Skikleidung zunächst sein, modisch erst in zweiter Linie.

Skihosen
sollten aus guten elastischen Stoffen gearbeitet sein, anliegend, aber nicht zu eng geschnitten, um im Zusammenklang mit dem elastischen Material eine gute Bewegungsfreiheit zu gewährleisten. Denn bewegen werden Sie sich beim Skilaufen müssen.
Was die Farbwahl Ihrer Kombination angeht, sollten Sie kräftige, aber nicht zu helle Farben wählen. Helle Farben sind zweifellos hübsch, aber unpraktisch. Fallen Sie an einer Stelle auf der Piste, wo der Schnee schon ziemlich abgefahren ist – Anfänger fallen unweigerlich an solchen Stellen –, ist ein häßlicher Fleck die Folge. Auf hellen Stoffen ist er deutlicher und länger zu sehen als auf farbkräftigen.

Ski-Überhosen
halten manche für überflüssig, ich für unbedingt erforderlich, schon um sich bei den Wartezeiten an den Pisten-Liften und während der Auffahrt oder der Fahrt mit dem Sessellift nicht zu erkälten oder kalte Glieder und Muskeln zu bekommen. Letztere machen jeden Sturz gefährlich, jede Abfahrt risikoreicher.
Ski-Überhosen müssen an beiden Außenseiten der Beinkleider durch durchgehende Reißverschlüsse zu öffnen und zu schließen sein, damit man sie an- und ausziehen kann, ohne die Skistiefel ausziehen zu müssen. Sie sollten aus rutschfestem Material gearbeitet sein, um beim Sturz zu bremsen, damit Sie nicht wie ein Schlitten die Piste hinuntergleiten. Das übliche glatte Syntetikmaterial aller möglichen Marken ist nicht zu empfehlen. Es sieht zwar gut aus, ist aber unpraktisch, ja gefährlich. Denken Sie daran, daß am Rande oder Ende der Pisten Bäume und Felsen zu finden sind – Ski läuft man meist im Gebirge –, und wenn Sie auf so einen Felsen oder Baum zurutschen mit ihrer schicken glatten Kombination aus Nylon . . .
Besser also rutschfreie Stoffe.

Anoraks
gehören unbedingt zu jeder Ski-Kombination. Pullover allein genügen nicht. Die sollten Sie unter den Anorak ziehen. Für den Anorak gilt das gleiche, wie für die Ski-Überhosen. Sie müssen aus rutschfestem Material sein und dürfen auf keinen Fall zu eng geschnitten sein, damit das Luftpolster im Anorak Sie wärmt. In zu eng anliegenden Anoraks, die zweifellos sehr modisch sind und die Figur betonen, werden Sie jämmerlich frieren. Achten Sie darauf, daß Ihr Anorak sowohl innen als auch außen genügend Taschen hat, denn Ihre Skihosen haben keine, allenfalls Ihre Ski-Überhosen. Und Sie ahnen gar nicht, was man als Wintersportler so alles mit sich herumschleppt, was man nicht unbedingt in die umgeschnallte Rückentasche packen will. Wichtig ist auch, daß Ihr Anorak einen Zweiweg-Reißverschluß hat, der sich leicht sowohl von oben, als auch von unten öffnen und schließen läßt. Warum, das wird Ihnen in der Praxis schnell klarwerden.

Skiunterwäsche
haben »starke Männer« und »sexy« Skihasen lange verschmäht oder verchwiegen. Besonders bei den Herren der Schöpfung galten lange Unterhosen als »unmännlich und altmodisch«. Sie froren lieber, holten sich Erkältungen oder Nierenentzündungen. Ein männlicher Standpunkt, der nicht nur albern, sondern auch gesundheitsschädlich war. War, darf gesagt werden, weil inzwischen von den Herstellern von Skiunterwäsche Modelle angeboten werden, die vom Zuschnitt her nicht nur wärmend und schützend, sondern auch »unsichtbar« unter der engen Skikleidung sind. Sie liegen eng an, die Materialien sind sowohl elastisch als auch wärmend, und der Schnitt ist »umhüllend«. Das heißt, die moderne Unterwäsche ist aus einem Stück, Hemd und Hose sind verbunden, so daß das Unterhemd nicht länger aus der Unterhose rutschen und den Rücken oder Bauch freilegen kann. Doch man muß den Designern noch ein Kompliment machen: Sie haben nach eintönig weiß-grauen Jahren endlich auch den Reiz der Farbe für die Skiunterwäsche entdeckt. Herren und Damen sehen in der modernen Skiunterwäsche nicht nur angezogen, sondern richtig sexy aus. Und das kann für den Après-Ski ja auch wichtig sein . . .

Skihandschuhe
sind zum Streitobjekt geworden. Hier die Anhänger der Fäustlinge, dort die »modernen« Verfechter der Fingerhandschuhe. Beide Handschuhe gibt es inzwischen aus Leder genauso wie aus gefütterten Synthetiks, beide haben ihre Vor- und Nachteile. Sicher kann man mit den Fingerhandschuhen den Stock genauer führen, doch friert man trotz Fütterung in ihnen leichter. Fäustlinge machen die Führung der Skistöcke – vielleicht – etwas schwieriger. Jedoch: Fingerhandschuhe müssen sehr genau passen, sonst werden sie sehr unbequem. Wenn sie Falten werfen, was besonders zwischen Daumen und Zeigefinger oft der Fall ist – leider – können Sie sich die Hand aufscheuern. Fäustlinge sind eben leichter »passend« zuzuschneiden und zu nähen, und – für mich unbedingt ein Vorteil – die Finger wärmen einander in der

wärmenden Umhüllung. Was Ihnen also mehr liegt, Fingerhandschuh oder Fausthandschuh, müssen Sie schon selber herausfinden. Ich würde Anfängern unbedingt zu Fäustlingen raten.

Skimützen
müssen unbedingt die Ohren und die Stirn schützen und wärmen. Ob Sie nun die elegante Mütze mit großem Schirm nehmen oder eine Pudelmütze, hängt von Ihrem Geschmack ab. Nur denken Sie daran: modische Raffinessen haben auch ihre Tücken. Ein großer Schirm kann bei der Abfahrt zum Windfang werden und Ihnen die Mütze leicht vom Kopf reißen. Die gute, altmodische Pudelmütze, die es inzwischen in den raffiniertesten Ausführungen und Mustern gibt, ist mir persönlich immer noch am liebsten. Man kann sie auch leichter zusammenknüllen, wenn man sie einmal nicht mehr braucht, und sie in die umgeschnallte Rückentasche stecken. Versuchen Sie das einmal mit einer modischen Schirmmütze mit elegantem, großen Schirm ...

Skibrillen
werden heute in so vielen Ausfertigungen und Kombinationen angeboten – mit Sonnenbrillen-Effekt, kombiniert als Schneebrille –, daß man hier wirklich die Qual der Wahl hat. Sie müssen vor dem Einkauf bedenken, was Sie nun wirklich brauchen. Rosi Mittermaier hat auch mit ihrer alten Skibrille und nicht mit der neuesten Kreation ihre Olympiasiege errungen. Wichtig ist: Sie müssen so verarbeitet sein, daß ein Anlaufen oder Beschlagen der Gläser oder der Sichtfläche aus Plastik garantiert nicht vorkommen kann. Denn blind auf der Piste, das ist die Garantie für einen folgenschweren Skiunfall.

Sonnenschutzmittel
sind ein unbedingt notwendiges und unentbehrliches Requisit für jeden Skifahrer. Schützen Sie Ihre Haut – besonders die Nase – vor den intensiven Sonnenstrahlen. Es ist gleichgültig, welcher Kosmetikfirma Sie den Vorzug geben. Wichtig ist nur, daß die

Sonnenschutzcreme, die sie benutzen, nicht nur einmal am Morgen, sondern wiederholt während des Tages aufgetragen wird. Besonders dann, wenn Sie als Anfänger häufiger stürzen und sich den Schnee aus dem Gesicht wischen. Jede Firma erklärt bei ihren Produkten, wofür sie gut sind und wogegen sie schützen. Und wenn Sie sich in Gletscherhöhen begeben, nehmen Sie getrost die fettere Gletschercreme. Die Hersteller haben sich bei den unterschiedlichen Produkten wirklich etwas gedacht.
Nachdem wir nun angezogen und gut eingecremt sind, wenden wir uns den wichtigsten und unentbehrlichen Dingen für den Skilauf zu: den Ski, den Skistiefeln, Skisocken, den Skibindungen und Skistöcken.

Lektion 2

Die Ski – Die Skistöcke – Die Skischuhe – Lang- oder Kurzski ist die Frage – Lassen Sie sich von Freunden oder Fachverkäufern beraten – Ski-Chinesisch für Anfänger – Achten Sie auf die Stahlkanten – »Harte« oder »weiche« Ski? – Der Elastizitätstest – Vorsicht beim Kauf gebrauchter Ski – Sicherheitsbindungen – Skibremse oder Fangriemen?

Der Blick in die Wintersportabteilung eines großen Sportgeschäftes macht den Anfänger, der sich eine Skiausrüstung kaufen will, mit Recht mutlos. So großzügig, aber auch so verwirrend ist das Angebot an Markenski, Bindungen und Stöcken. Doch nur die Ruhe bewahren!

Der Anfänger, der sich ausrüsten will, tut gut daran, sich von einem sachverständigen Freund oder Verkäufer – wenn dieser genügend Zeit hat – beraten zu lassen. Gute Ski für Anfänger sind nicht natürlicherweise Kurzski, obwohl sie gut für den Anfang sind.

Es gibt unter den Skilängen von 200, 205 oder 210 cm genausoviele schlechte Ski für den Anfänger, wie bei den Kurzlängen von 130, 160 oder 175 cm. Anfänger sollten darauf achten, daß sie Ski kaufen, die leicht zu fahren sind, »Leichtfahrski«. Sie müssen leicht zum Rutschen und zum Drehen zu bringen sein. Das ist wichtig.

Um hier dem Käufer die Wahl zu erleichtern, sind immer mehr Sportgeschäfte in Deutschland dazu übergegangen, das von der Arbeitsgemeinschaft Skiforschung an der Fachhochschule München erarbeitete L-A-S-Schema zu übernehmen. Das Schema erklärt:

L-Ski sind Ski, die sehr leicht oder leicht auch bei geringer Geschwindigkeit drehen. Sie sind gut geeignet für Lernende und Lehrende und auch für den fortgeschrittenen Fahrer, der müheloses Fahren bevorzugt und höhere Geschwindigkeiten und vereiste Pisten meidet.

A-Ski sind Ski für Fahrer, die müheloses Fahren auf weichem Schnee und harter Piste schätzen, ohne dabei überdurchschnittlich schnell zu fahren. Sie zeichnet gute Drehbarkeit und ausgeprägter Kantengriff aus.

S-Ski sind Ski, die gute Drehbarkeit und ausgeprägten Kantengriff auch noch bei höheren Geschwindigkeiten haben. Sie sind geeignet für Fahrer, deren technisches Können auch Fahren mit überdurchschnittlicher Geschwindigkeit zuläßt.

Nun kommen Kompaktski immer mehr in Mode. Um hier die Frage: »Welcher Skityp und welche Skilänge?« zu beantworten, sollte man sich der Tabellen bedienen, die Professor Korbinian Kern von der Münchner Arbeitsgemeinschaft Skiforschung entwickelt hat.

Die Tabelle 1 dient zur Ermittlung einer gewissen Gesamtpunktzahl.

A. Technisches Fahrkönnen		B. Fahrgeschwindigkeit	
Geringe Fahrpraxis	= 1 Pkt.	Gemütlich	= 1 Pkt.
Mehrj. Fahrpraxis	= 2 Pkt.	Gelegentl. schnell	= 2 Pkt.
Technisch perfekt	= 3 Pkt.	Sportlich schnell	= 3 Pkt.

Für einen bestimmten Fahrer bleibt dabei die Punktzahl zu A konstant, kann sich aber bei B je nach Verwendungszweck ändern. Aus der nun folgenden zweiten Tabelle ergeben sich für jede Gesamtpunktzahl der geeignete Skityp und die zu wählende Skilänge.

Punkte	Skityp	Langski in cm	Kompaktski in cm
2	L	–	160
3	A (L)	–	170
4	A	190	180
5	A (S)	200	180 und mehr
	S	200 und mehr	–

Unter Langski versteht hier Professor Kern eine Modellserie, die in Längen von 180 bis über 200 cm angeboten wird und deren Ski allgemein weniger breit sind als die Kompaktski. Anfänger können natürlich auch zum Kurzski greifen, der das Lernen wesentlich erleichtert.

Und wichtig ist auch, daß die Ski, die Sie kaufen, nicht verzogen, nicht zu hart, nicht zu hohl sind, keine zu große Spannung aufweisen, die Kanten im Verhältnis zum Belag nicht zu weit vorstehen, damit der Ski entsprechend leicht und sicher gleiten kann.

Wie gesagt, das alles können Sie als Anfänger nicht beurteilen. Sie müssen sich da ganz auf den Rat eines erfahrenen Freundes oder des Fachverkäufers verlassen. Doch damit Sie wenigstens wissen, wovon die Rede ist, wollen wir uns ein wenig mit dem Fachchinesisch beschäftigen, in dem Sportartikelhersteller und Sportartikelverkäufer reden und werben. Eine Terminologie, die der normale Mensch kaum verstehen kann, die jedoch lediglich simple Sachverhalte in schwierige Wortkombinationen kleidet.

Damit Sie diesem Wortgeklingel nicht völlig ahnungslos gegenüberstehen, ein paar prinzipielle Erläuterungen. Holzski, massiv und aus einem Stück gefertigt, werden heute kaum noch – und

wenn, dann nur für Liebhaber – angeboten. Moderne Ski sind ein Konglomerat aus Holz, Kunststoff und Metall, oder ganz aus Kunststoff oder Metall.
Im Skiangebot wird nach der Verwendung zwischen Allroundski, Rennski, Sprungski, Tiefschneeski, Leichtschwungski, Kurzski und Langlaufski unterschieden, bei dem es wiederum einige Spielarten gibt, doch dazu in der Langlauflektion mehr.
Ski werden nach verschiedenen Systemen gebaut. Man spricht da vom *Sandwich-Verfahren,* das heißt, die einzelnen Lagen des Skis aus gleichen oder verschiedenen Materialien sind wie beim Sandwich übereinandergelegt und miteinander verleimt, verschweißt oder auf andere technische oder chemische Weise miteinander verbunden. Ähnlich ist das bei der *Compound-Bauweise,* wo verschiedene Werkstoffe gleichfalls miteinander verbunden werden. Der Kern des Skis kann zum Beispiel aus Holz sein, die anderen Lagen aus Metall oder Synthetikstoffen. Ein *Torsionskasten* soll die Verdrehungsfestigkeit und die Lebensdauer des Skis erhöhen. Dabei wird der Kern des Skis zur Erhöhung der Elastizität mit Glasfasermatten umschlossen, dadurch entsteht ein kastenförmiges Gebilde, eben der Torsionskasten. Ähnlich ist das auch beim *Baukastensystem,* bei dem der Ski aus mehreren Trägerprofilen zusammengebaut ist, das heißt, um diese Träger »herum« konstruiert wurde. Und wenn Sie hören, der Ski sei mit ABS ausgestattet, dann bedeutet das, daß der Ski an den Oberkanten, den Seitenflächen oder auch der Oberfläche mit einem Kunststoff beschichtet ist, der ihn vor Beschädigungen schützen soll. Da die Lauffläche mit ABS nicht beschichtet ist, hat die ABS-Ausstattung mit den guten (oder schlechten) Laufeigenschaften des Skis nichts zu tun. Soviel zu »Fachbegriffen«, die Ihnen beim Ski-Einkauf begegnen können.
Moderne Ski sind heute fast alle mit einer Kunststoffoberfläche ausgestattet, die das Eindringen von Feuchtigkeit verhindern soll und die auch nicht so schnell zerkratzt werden kann. Achten Sie beim Einkauf auf die Stahlkanten. Sie sind wichtig, damit der Ski auf vereisten Pisten »greifen« kann, damit Sie einen Halt finden. Diese Stahlkanten sind in verschiedenster Weise auf oder »an«

die Ski montiert. Oft verdeckt der Belag der Laufflächen diese Stahlkanten zum größten Teil, um die Ski »schnell« zu machen, das heißt ihre Gleitfähigkeit zu erhöhen.
Beachten Sie bitte, daß diese Stahlkanten abgenutzt werden, gewissen Verschleißerscheinungen unterliegen. Manchmal sind die Kanten schon nach 14 harten Pistentagen um 50 Prozent »abgefahren«, haben ihren »Griff« verloren.
Sie sollten die Stahlkanten also von Zeit zu Zeit nachschleifen lassen. Das kostet nicht die Welt, macht sich aber mit einem guten Halt auf vereisten Pisten bezahlt. Und rät Ihnen der Experte später zur Erneuerung der Kanten, sollten Sie auf ihn hören.
Nun werden Sie beim Einkauf auch hören, daß es »harte« und »weiche« Ski gibt. Wie »hart« oder »weich« man den Ski wählt, hängt vom eigenen Fahrvermögen – beim Anfänger meist gleich null – und vom Gelände ab, in dem man fahren will: harte Liftpisten oder Tief- und Weichschneehänge für Tourenfahrten. Da Sie sich beim Einkauf ja von Freunden oder Experten beraten lassen, sollten Sie auf sie hören.
Einen Test über die Elastizitätsverteilung beim Ski, die sehr wichtig ist, kann jeder Laie selbst durchführen. Wenn Sie den Ski durchdrücken, muß er an der Laufflächenkante einen einwandfreien Kreisbogen bilden, dann ist die Biegelinie in Ordnung.
Beim Kauf von gebrauchten Ski sollten Sie darauf achten, ob sie nicht vielleicht schon »durchgetreten« sind. Das ist leicht zu kontrollieren. Legen Sie die Ski mit den Laufflächen gegeneinander. Nun dürfen sich die Laufflächen nur am Ansatzpunkt der Schaufeln und an den Skienden berühren. Sonst muß ein Zwischenraum bleiben, besonders auch dort, wo die Skibindungen befestigt sind. Ist gerade hier der Zwischenraum nur gering oder gar nicht mehr vorhanden, verzichten Sie auf den Kauf. Die Ski sind »durchgetreten«, haben ihre guten Fahreigenschaften verloren. Sie hätten nichts als Ärger mit ihnen. (Abb. 1, 2).
Das Wichtigste beim Einkauf der Ski ist die Sicherheitsbindung. Ohne eine gute Sicherheitsbindung ist das Skilaufen ein unverantwortliches Spiel mit Ihrer Gesundheit! Statistiken beweisen, daß noch vor wenigen Jahren jeder 16. Skiläufer, der stürzte,

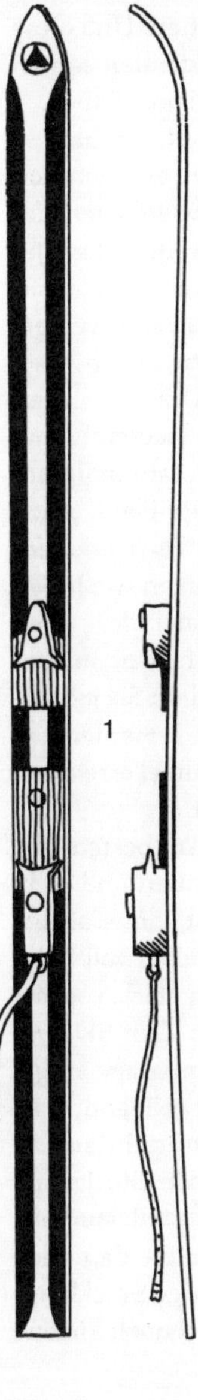
1

mit einer Verletzung rechnen mußte. Dank der Entwicklung guter und exakt funktionierender Sicherheitsbindungen ist das heute nur bei jedem 168. Skiläufer der Fall- Von Markenfirmen werden die verschiedensten Modelle zu unterschiedlichen Preisen angeboten, die alle technisch ausgereift sind. Auch hier gilt, daß das teuerste Modell nicht immer unbedingt auch das beste sein muß. Wichtig für Sie ist: Kaufen Sie eine Bindung, die sich sowohl bei Frontalstürzen als auch bei Drehstürzen öffnet. Dieses Sicherheitssystem, das viele Markenfirmen anbieten, ist wirklich das zur Zeit sicherste. Und noch eines sollten Sie sich zum Prinzip machen: Lassen Sie Ihre Sicherheitsbindung vor jeder Saison vom Fachmann auf ihre Funktionssicherheit überprüfen und nach- oder neu einstellen.

Mindestens genausoviel Sorgfalt wie der Auswahl der Skibindung sollten Sie den Skistiefeln widmen, denn von ihnen wird ein gutes und sicheres Skilaufen ganz entscheidend mit abhängen. Es gibt einige wichtige Punkte, die Sie beim Kauf unbedingt beachten müssen:

- ☐ Skistiefel dürfen nicht zu groß sein, nicht zu locker sitzen. Wenn Sie in den Skistiefeln bequem herumwackeln können,

2

werden Sie nie eine genaue Skiführung erreichen. Und ohne genaue Skiführung werden Sie nie richtig Skilaufen lernen und nie richtigen Spaß an diesem herrlichen Sport haben.

- ☐ Probieren Sie die Skistiefel unbedingt mit den dicken Skisokken an, die Sie in ihnen tragen werden. Lassen Sie sich Zeit bei der Auswahl. Die Skistiefel müssen zwar eng anliegen, damit sie auch die kleinste Bewegung an die Ski weitergeben, jedoch dürfen sie keineswegs zu eng oder unbequem sein, damit sie nicht drücken und Ihnen den Spaß am Skilaufen verderben. Mit kaputten Füßen ist noch keiner gern, geschweige denn gut gelaufen. Kunststoffstiefel sind am praktischsten und pflegeleichtesten; sie müssen Schnallen haben.
- ☐ Die Höhe der Skistiefel – sie sind in den letzten Jahren immer höher geworden – richtig zu wählen, ist ein Problem. Auch hier sollten Sie sich von Freunden oder einem Fachverkäufer beraten lassen. Für die modernen Skilauftechniken wie Jetten oder gar Trickskilaufen sind sehr hohe Skistiefel ideal. Man kann in ihnen sogar im Sitzen fahren. Wie hoch also, müssen Sie herausfinden. Unbedingt darauf achten sollten Sie jedoch, daß der Skistiefel einen nach oben gezogenen Fersenteil hat. Mit diesem können Sie einen guten Vorlagewinkel erreichen, der das Drehen der Ski wesentlich erleichtert.

Kommen wir nun zur Auswahl des Skistockes. Am besten sind Metall- und Kunststoffstöcke, weil sie kaum brechen und nicht splittern. Auch hier sind die teuersten Stöcke nicht immer die besten. Auch Skistöcke in günstigen Preislagen erfüllen voll ihren Zweck. Die Länge der Skistöcke hängt natürlich stark von der Fahrweise ab. Für Anfänger gilt die Faustregel: Der Skistock sollte mit dem Griff auf den Ski oder eine harte Unterlage aufgesetzt so lang sein, daß bei angewinkeltem Arm ihre Handfläche waagerecht auf dem Stockteller aufliegt. Mit Rücksicht auf die Verletzungsgefahr für sich und andere sollten Sie Stöcke mit nicht allzu spitzen Spitzen wählen. Für Kinder sind stumpfe, leicht abgerundete Spitzen empfehlenswert. Sind Sie dann erst ein guter Skiläufer geworden, werden Sie die richtige Stocklänge vielleicht variieren müssen, das heißt für das Jetten noch kürzere

Stöcke als nach der Faustregel benutzen. Das sind dann Erfahrungswerte, die Sie herausfinden müssen. Für den Anfang jedenfalls empfehle ich die Auswahl des Skistocks nach der obigen Faustregel.
Doch nicht nur die richtige Länge des Skistocks ist wichtig, Sie müssen auch dem Griff und der Schlaufe des Skistocks Ihre Aufmerksamkeit schenken. Am vernünftigsten sind Griffe, die sich der Handform anpassen und verstellbare Schlaufen haben. Dadurch wird das Fahrvermögen sehr positiv beeinflußt. Die Schlaufenlänge muß sich dem Handgelenk so anpassen, daß der Knauf des Skistocks nur wenig über Ihre geschlossene Faust hinausragt. zwischen Schlaufe und Handgelenk darf keine zu lockere Verbindung bestehen, weil das Ihren Fahrstil negativ beeinflussen würde.
Für optimal halte ich Skistöcke mit verstellbaren Schlaufen, die sich beim Sturz öffnen und so Brüche des Handgelenks oder des Arms vermeiden. Unbedingt angewöhnen sollten Sie sich von Anfang an, daß Sie in die Stockschlaufe immer von unten nach oben schlüpfen.
Schenken wir abschließend dem Transport der Ski noch ein wenig Aufmerksamkeit, weil ja die meisten mit dem Auto zum Wintersport fahren. Wenn Sie einen Dachständer benutzen, dann gilt: Die Ski müssen mit den Skienden nach vorn auf ihm befestigt und gut gesichert werden. Letzteres vermindert die Unfallgefahr durch herabfallende Ski, ersteres vermindert den Luftwiderstand beim Fahren und die Verschmutzung der Skischaufeln. Gut sind auch Heckständer, bei denen der Transport der Ski keine Probleme aufwirft. Kriegen Sie Ihre Ski in den Kofferraum Ihres Autos, um so besser. Kann man sie unter die Sitze legen, auch gut.
Transportieren Sie Ihre Ski auf dem Dach oder am Heck Ihres Autos, sollten Sie zumindest die Bindungen durch Schutzhüllen vor Verschmutzung bewahren. Denn schmutzige Bindungen können im entscheidenden Moment nicht funktionieren. Das wäre gefährlich. Andererseits kann man seine Ski auch »anziehen«. Das schützt sie bei verschmutzten Straßen vor Sand und

Salz. Solche Schutzhüllen gibt es in den Fachgeschäften für ein oder mehrere Paare Ski, je nachdem wie Sie transportieren wollen. Jedem, der einen längeren Anfahrtsweg zu seinem Skigebiet hat oder häufiger zum Skilaufen fährt, würde ich solche »Skibekleidung« wärmstens empfehlen.

Doch nicht nur während eines Transportes sollte man seine Ski sichern. Auch bei der Abfahrt und auf der Piste müssen die Ski gesichert werden. Wenn bei einem Sturz sich die Sicherheitsbindung löst und der Ski allein davonsaust, kann er andere gefährden. Nun gibt es immer mehr Ski mit Skibremsen, die den davonlaufenden Ski aufhalten. Sie kommen immer mehr in Mode. Doch wenn Ihr Ski diese Bremse nicht hat, sollten Sie zum guten, alten, bewährten Fangriemen zurückgreifen. Schließlich ist es nach einem Sturz auch lästig, dem davongelaufenen Ski hinterher zu laufen.

Und denken Sie daran: Nach den allgemein geltenden Pistenregeln – die wir in Lektion 12 vorstellen – sind Sie auch für Unfälle verantwortlich und haftbar(!), die durch einen »davonlaufenden« Ski verursacht worden sind.

Das gilt allerdings nicht nur für »davonlaufende« Ski, sondern auch für Ski, die Sie auf der Schulter oder unter dem Arm – bloß nicht! – tragen. Auch für den Transport der Ski vom Wagen zur Piste oder wohin auch immer gibt es gewisse Regeln, die man beherzigen sollte.

- ☐ Wo sie unter vielen Menschen sind – am Bahnhof, auf belebten Straßen oder Plätzen – sollten Sie die Ski immer senkrecht tragen, und zwar mit den Skispitzen nach oben.
- ☐ Auf dem Weg zur Piste oder zum Lift sollten Sie die Ski auf der Schulter tragen, die Skienden nach vorn. Bei längeren Wegen hat sich auch die Sitte eingebürgert, daß man die Ski in die Schlaufen der Skistöcke steckt, die Griffe zur Spitze gegeneinander gelegt, und die Ski mit den Stöcken in der Hand trägt, Skienden auch hier nach vorn.
- ☐ Drehen Sie sich mit den Ski auf der Schulter nie um, Sie könnten andere verletzen. Wollen oder müssen Sie sich umdrehen, nehmen Sie die Ski senkrecht.

Lektion 3

Kleine Wachslehre für alle Fälle

Die Skihersteller versichern zwar immer wieder, daß die neuen Kunststoffbelage das Wachsen der Ski überflüssig machen – und man kann tatsächlich Skilaufen, ohne die modernen Ski zu wachsen – nur: Experten sind der Meinung, daß auch teure Ski, die nicht gepflegt werden, bereits nach wenigen Wochen schlechtere Fahreigenschaften zeigen, als gepflegte, billigere Ski.

Natürlich will die Industrie mit ihren Synthetikbelagen der Bequemlichkeit mancher Wintersportler entgegenkommen, die das Wachsen hassen. Doch wer seine Ski liebt, wer wirklich gut laufen will, sollte diese kleine Mühe schon auf sich nehmen. Es ist keinesfalls notwendig, jeden Tag die Ski zu wachsen. Sie fahren ja keine Rennen, wo es um hundertstel Sekunden geht. Außerdem haben die Rennläufer ihre ganz speziellen Wachsrezepte. Das ist eine Geheimwissenschaft für sich.

Für Sie genügt es völlig, wenn Sie Ihre neuen Ski mit einer Paraffineinreibung oder Tubenwachseinreibung versehen. Experten schwören auf das »Einbügeln« von Paraffin, weil durch den Wachsbelag die Lauffläche des Skis geschont wird und ihn schneller macht. Es gibt inzwischen schon spezielle Wachsbügelautomaten, die das Wachsen sehr erleichtern. Überhaupt hält der Fachhandel ein reiches Sortiment von Wachsen bereit: Wachssprays, Tubenwachs, Hartwachs.

Damit Sie sich unter diesen Angeboten zurechtfinden, hier einige Hinweise. Für den Normalläufer empfiehlt sich die Dreierpakkung: für trockenen und kalten Schnee grün oder blau, für feinkörnigen Schnee um 0° rot und für Firn- oder Frühjahrsschnee silber. Erfahrene Skiläufer werden dann später zu den Sechser-

packungen greifen, die ein differenzierteres Wachsen ermöglichen, weil sie inzwischen gelernt haben, über die drei grob erkannten Schneearten hinaus noch weiter zu unterscheiden.
Wie gesagt, müssen Sie nicht jeden Tag wachsen, sollten es jedoch in regelmäßigen Abständen tun.
Am bequemsten – aber auch am gefährlichsten – ist das Spraywachs, weil mancher am Anfang mehr in die Gegend und auf die Kleidung sprüht, als auf die Lauffläche. Hartwachse trägt man mit gleichmäßigem Druck in der Längsrichtung der Ski auf, Tubenwachs ebenso, am besten mit einem Lappen, möglichst dünn. In jedem Fall läßt man die Masse kurz trocknen und poliert dann die Ski. Manche nehmen beim Hartwachs einen schlichten Flaschenkorken dazu.
Doch ich will Sie nun mit dem Wachsen nicht länger behelligen. Wenn Sie es tun, befolgen Sie die Gebrauchsanweisung genau, oder lassen Sie sich beim ersten Mal von einem erfahrenen Skiläufer helfen.

Lektion 4

Der Skilauf beginnt zu Hause mit Skigymnastik und Trockenübungen – 11 Übungen zur Lockerung und Stärkung der Muskeln – Auch das Aufstehen will geübt sein

Wer anfängt Ski zu laufen, sollte das schon zu Hause tun. In der Wohnung. Mit Recht weisen Ärzte darauf hin, daß viele Skiverletzungen dadurch entstanden, daß der Skiläufer unvorbereitet auf die Piste – oder bei Skilangläufern in die Loipe – ging. Das gilt auch für Skifahrer, die schon Skilaufen können, aber es nach langer Pause wieder zum ersten Mal tun. Das Trockentraining daheim macht Ihre Glieder geschmeidiger und Sie selbst auf den Skiern sicherer. Sie sollten, bevor Sie wieder Ski laufen, schon so ab November Ihren Körper auf die kommende körperliche Anstrengung vorbereiten, Ihre Muskulatur geschmeidiger machen.

Bei den Trockenübungen zu Hause sollten sie klein anfangen und mit zwei bis drei Übungen beginnen. Ein Zuviel wäre auch hier schlecht. Machen Sie die nachfolgend geschilderten Übungen stets bei offenem Fenster oder – wenn vorhanden – auf der Terrasse oder im Garten. Üben Sie nur in einer Kleidung, die Sie nicht hemmt und bequem ist. Machen Sie jede geschilderte Übung mehrere Male, achten Sie aber darauf, daß Sie sich nicht überanstrengen.

Hier sind nun einige Übungen zur Stärkung und Lockerung der Beinmuskulatur, Beweglichkeit der Hüften, Stärkung und Lockerung der Rückenmuskulatur, Rumpfmuskulatur und zur Vorbereitung für das Wedeln zusammengestellt, die Sie nach eigenem

Geschmack miteinander kombinieren können. Wichtig ist nur, daß Sie langsam beginnen und sich dann bei den Trockenübungen immer mehr steigern.

1. Übung: Gehen Sie in die Hocke und lassen Sie Ihre Hände in der Mitte pendeln (Abb. 3). Spreizen Sie das linke Bein nach links, während das rechte Bein in der Hocke das Standbein bildet. Nun spreizen Sie das rechte Bein nach rechts, das linke Bein bildet in der Hocke das Standbein. Nun springen Sie mehrmals in der geschilderten Weise um. Achten Sie darauf, daß während dieser Übung Ihr Oberkörper senkrecht bleibt zur Grundfläche, auf der Sie üben, bleiben Sie also in aufrechter Haltung.

3

4

2. Übung: Setzen Sie Ihr rechtes Bein angewinkelt nach vorn, strecken Sie das linke nach hinten und halten Sie dabei das Knie knapp über dem Boden. Ihr Oberkörper muß aufrecht bleiben, die Arme werden angewinkelt und die Hände nach oben gestreckt. Wechseln Sie nun die Beinstellung und springen Sie ständig vom rechten auf das linke Bein um (Abb. 4).

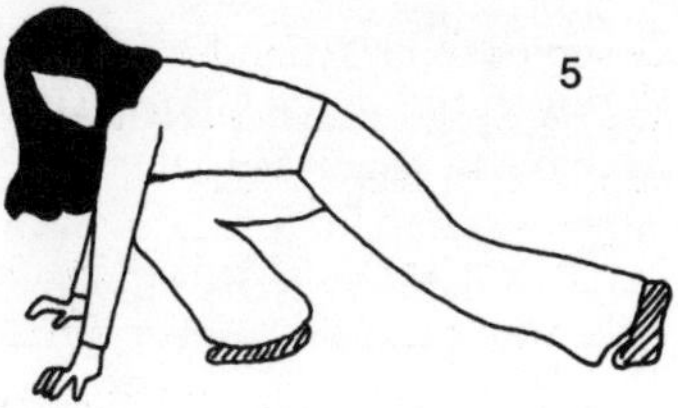

5

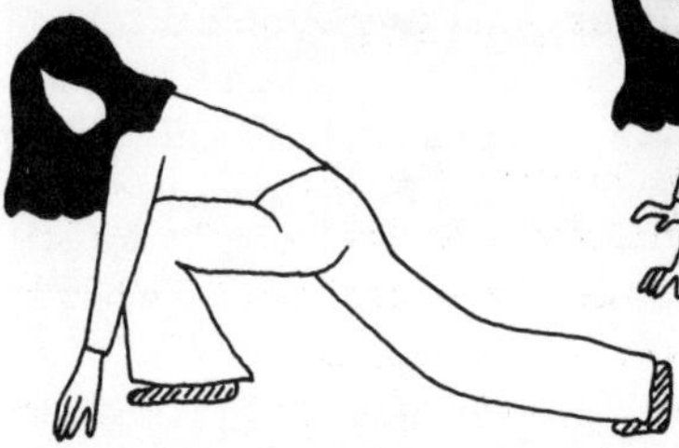

6

3. Übung: Gehen Sie in die Hockstellung und stützen Sie die Arme vor dem Körper auf, lassen Sie das rechte Bein nach vorn schnellen. Nehmen Sie das rechte zurück und lassen Sie nun das linke Bein nach vorn schnellen. Setzen Sie die Übung mehrere Male fort (Abb. 5, 6).
Das waren alles Übungen zur Stärkung der Beinmuskulatur. Zwischen diesen und auch den anderen Übungen, die ich noch nachstehend schildern werde, sollten Sie unbedingt immer wieder eine Atemübung einlegen, denn alle diese Übungen strengen an und werden Sie zumindest am Anfang etwas außer Atem bringen.

4. Übung: Gehen Sie in die Hocke und stützen Sie sich mit den Händen ab. Nun springen Sie in den Liegestütz und wieder in die Hocke und in den Liegestütz zurück, wieder in die Hocke usw. (Abb. 7, 8). Diese Übung ist gut zur Stärkung der Rückenmuskulatur.

7

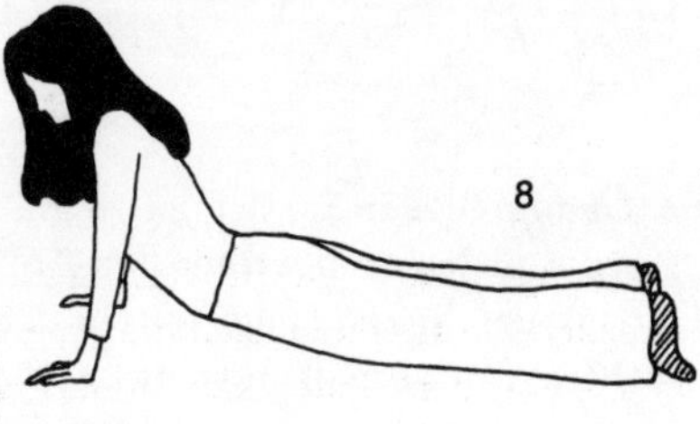

8

5. Übung: Stellen Sie sich aufrecht hin, Arme lässig an der Seite. Springen Sie in die Grätschstellung und strecken Sie die Arme nach oben, atmen Sie dabei ein. Nun beugen Sie den Rumpf mit den ausgestreckten Armen nach vorn und atmen aus, die Arme pendeln dabei zwischen die gegrätschten Beine (Abb. 9, 10).

9

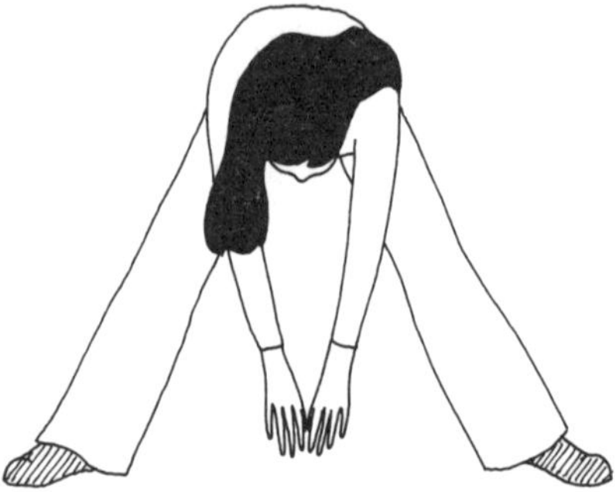

10

6. Übung: Stellen Sie sich mit gegrätschten Beinen hin, schwingen Sie mit leicht abgewinkelten Armen nach vorn und berühren Sie mit den linken Fingerspitzen den rechten Fuß, während Ihr rechter Arm nach oben schwingt. Nun richten Sie sich auf und wiederholen die Übung so, daß Ihr rechter Arm den linken Fuß mit den Fingerspitzen berührt und der linke Arm nach oben schwingt. Wiederholen Sie das mehrmals (Abb. 11, 12).

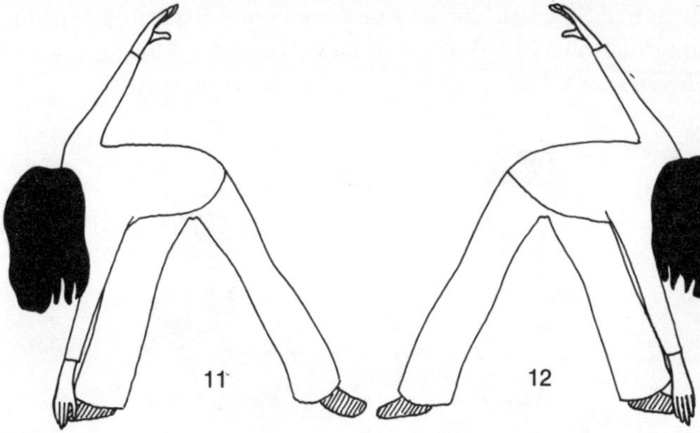

11 12

7. Übung: Stellen Sie sich aufrecht hin und knicken Sie die Hüften nach rechts ein, gehen Sie dabei wie beim Skilaufen stark in die Knie und lassen Sie die Hände locker, aber zusammengefaßt hängen. Wiederholen Sie die Übung mit einem Hüftknick nach links usw. (Abb. 13, 14). Diese Übung ist gut für die Erhöhung der Beweglichkeit Ihrer Hüften.

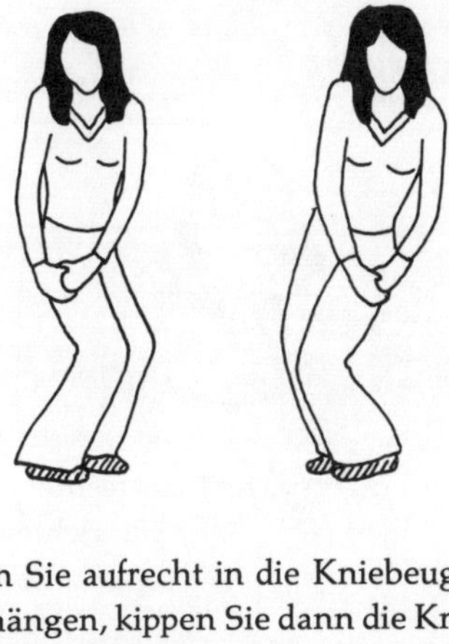

13 14

8. Übung: Gehen Sie aufrecht in die Kniebeuge, lassen Sie die Arme seitwärts hängen, kippen Sie dann die Knie nach vorn und legen Sie die Hände auf die Knie. Bleiben Sie kurz in dieser Stellung, gehen Sie zurück in die Kniebeuge und wiederholen Sie die Übung mehrmals (Abb. 15, 16). Diese Übung soll es Ihnen erleichtern, das Gleichgewicht in der Hocke zu halten.

15

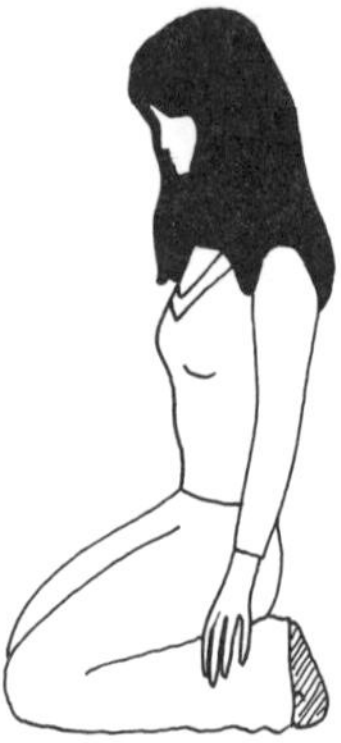

16

9. Übung: Gehen Sie tief in die Hocke und wippen Sie leicht in den Knien, das ist die sogenannte Rennläuferhaltung bei der Abfahrt. Sie werden merken, wie die Oberschenkelmuskeln dabei belastet werden (Abb. 17).

17

10. Übung: Gehen Sie in die Hocke und drehen Sie sich auf den Fußspitzen nach links, achten Sie darauf, daß sich der Oberkörper nicht mitdreht und aufrecht bleibt. Nun drehen Sie immer noch in der Hocke die Fußspitzen nach rechts, der Oberkörper bleibt weiterhin aufrecht und dreht sich nicht mit. Wiederholen Sie diese Übung mehrmals, versuchen Sie, dabei in einen ganz bestimmten, gleichen Rhythmus zu kommen, dann können Sie Trockenwedeln. Und Wedeln, das werden Sie später noch brauchen (Abb. 18).

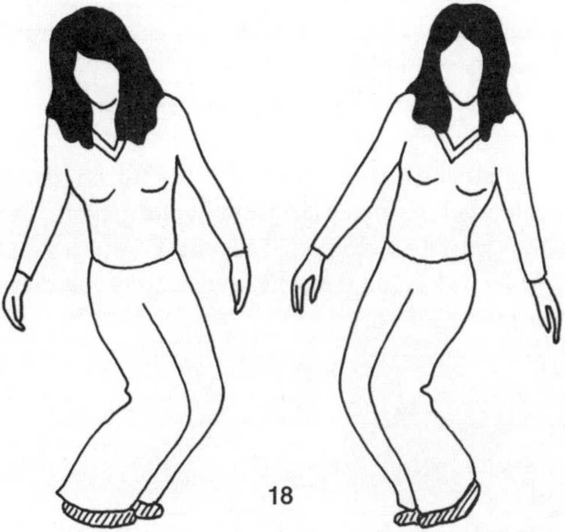

18

Zum Schluß üben wir noch etwas, was Sie als Anfänger unbedingt brauchen werden: das Aufstehen! Nun müssen Sie zu dieser Übung nicht unbedingt die Skischuhe anziehen und die Ski unterschnallen – obwohl das nicht schaden kann –, es genügt, wenn Sie ein Paar hohe Schuhe anziehen und die Skistöcke nehmen. Denn wichtig ist nur, daß Sie einigemale in Ruhe den technischen Ablauf des Aufstehens nach dem Sturz üben. Wenn Sie unvorbereitet und mit verschränkten Beinen nach dem Sturz auf der Piste damit konfrontiert werden, sitzt ihnen meist der Schreck über den Sturz in den Gliedern, und Sie sind sicher nervös.

11. Übung: Legen Sie sich nach einer Seite (auf der Piste hangaufwärts), stellen Sie ihre Beine quer und setzen Sie sich aufrecht. (Auf der Piste sitzen Sie neben Ihren Skiern). Setzen Sie nun beide Stöcke hinter Ihr Gesäß und stemmen Sie sich langsam hoch (Abbildungen 19, 20, 21, 22, 23). Dieser kleine Trick ist das ganze Geheimnis des mühelosen Aufstehens und richtigen Stehens zum Hang, damit Sie wieder weiterlaufen können. Also prägen Sie sich ein: Auf der Piste nach dem Sturz

- ☐ Skier parallel zum Hang legen
- ☐ Setzen Sie sich hangaufwärts auf die Seite neben die Skier, neben den Bergski und stellen Sie sie quer. Aufrecht sitzen, nicht zum Hang neigen.
- ☐ Sichern Sie sich durch Einsatz Ihrer Stahlkanten einen guten Halt.
- ☐ Nun beide Stöcke hinter dem Gesäß einsetzen, dann können Sie sich ziemlich mühelos langsam hochdrücken. Verzweifeln Sie nicht, wenn es nicht gleich klappt. Wiederholen Sie es in Ruhe. Ruhe ist beim Aufstehen die erste Skifahrerpflicht, dann klappt es schon.

19

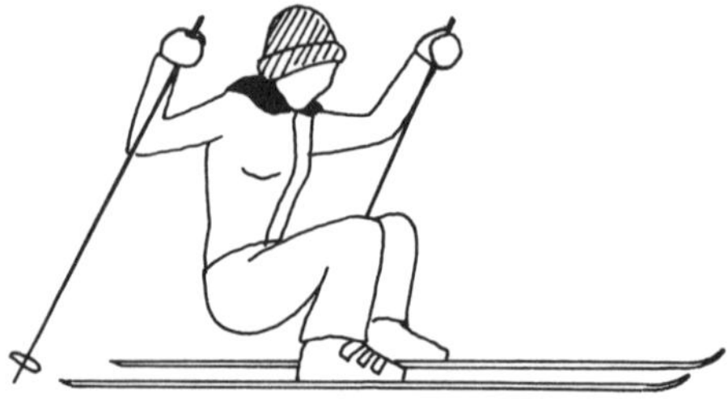

20

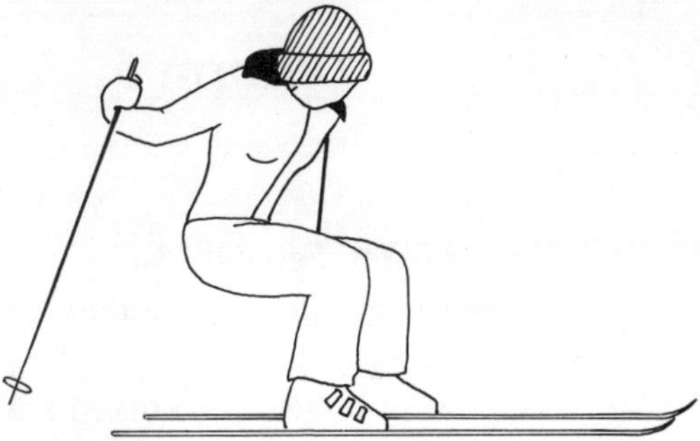

21

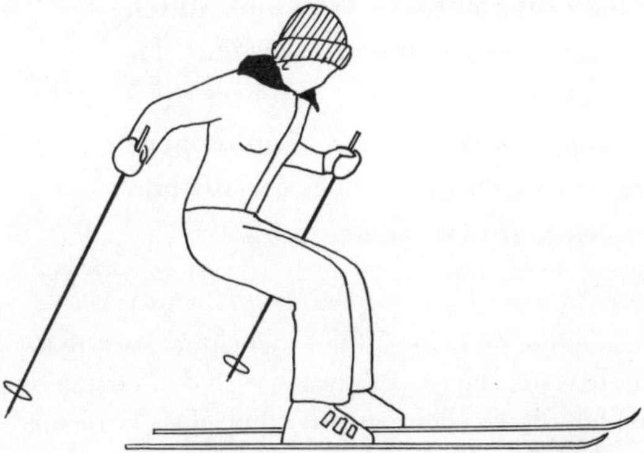

22

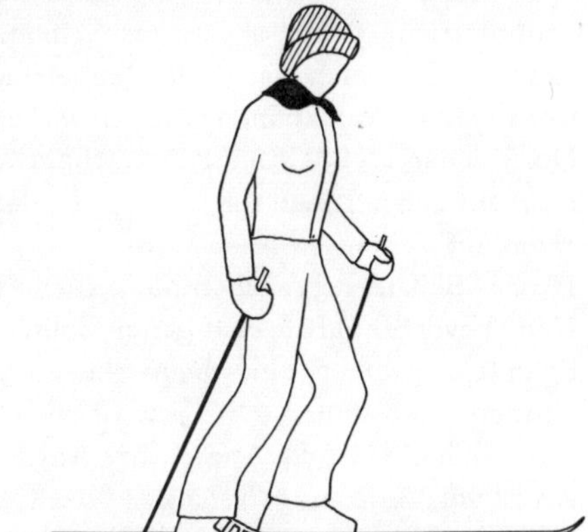

23

Lektion 5

Ihr »größter Feind«: Angst und verkrampfte Muskeln – Wählen Sie sich Ihren Hang – Wie man den Hang hinaufkommt – Die erste »Abfahrt« – Bremsen auf natürliche Weise und durch Umtreten – Liftfahrten und was man dabei beachten muß – Der Grätenschritt – Der Treppenschritt – Der Halbtreppenschritt – Fahren mit dem Sessellift und worauf man achten muß

Skikurse und Skilehrer sind eine feine – manchmal auch teure – Sache. Ich gehöre – aus eigener Erfahrung – zu den Leuten, die Anfängern empfehlen, es allein zu versuchen. Das wird manchem, der an »Schule um jeden Preis« und den Erfolg vom Gruppenunterricht glaubt, absurd erscheinen. Dennoch glaube ich, daß der Erfolg auch beim Skilaufen letztlich von der Eigeninitiative abhängt. Wann haben Sie denn wirklich Autofahren gelernt? Doch sicher, als Sie Ihren Führerschein hatten und kein Fahrlehrer mehr neben Ihnen saß, um Ihre Fehler zu korrigieren, als Sie allein auf sich angewiesen waren.
Für das Skilaufen brauchen Sie keinen Führerschein. Nur Mut. Denn bevor Sie auf die Piste gehen, sollten Sie sich vergegenwärtigen: Ihr »größter Feind« beim Skilaufen ist nicht die Piste. Die können – und sollten – Sie sich aussuchen. Ihr »größter Feind« beim Skilaufen ist die Angst! Ihre Angst! Angst vor dem Sturz, Angst vor Verletzungen. Angst! Nur Kinder kennen keine, sie fallen auch geschmeidiger – und: sie lassen sich fallen!

Es ist statistisch erwiesen, daß 90 Prozent – neunzig! – aller Stürze von Anfängern auf Angst zurückzuführen sind. Die meisten Anfänger packt eine fast panische Angst, wenn die Skier plötzlich zu schnell werden und sie die Piste hinuntersausen. Dann reißt es ihnen die Beine weg, verkanten sich die Ski, hebt sich plötzlich ein Bein, sie machen die tollsten Verrenkungen, um zu bremsen, statt sich wie die Kinder einfach fallen zu lassen und so die Fahrt auf natürliche Weise zu bremsen. Aufstehen haben wir ja »trokken« geübt.

Doch diese Angst können Sie vermeiden, wenn Sie beim Beginn Ihres Skilaufs den richtigen Hang wählen, klein anfangen, ohne sich zu schämen. Denn Sie wissen ja, warum Sie das tun, und die anderen beachten einen Anfänger viel weniger, als man das meistens befürchtet.

Neben der Angst ist der »zweite Feind« die aus ihr resultierende Verkrampfung der Muskeln. Lassen Sie ihre Muskeln frei spielen, wie es diese auch dann tun, wenn Sie ruhig stehen. Denn selbst dann sorgen Hunderte von Muskeln und Muskelsträngen durch ihre Bewegung dafür, daß Sie im Gleichgewicht bleiben. Auch wenn Sie es nicht bewußt registrieren.

Wichtig ist: Entspannen Sie sich beim Skilauf. Bleiben Sie locker und gelöst, lassen Sie ihre Ski laufen, versuchen Sie nicht krampfhaft, zu führen. Beginnen die Ski seitlich wegzurutschen, ist das nur gut, denn dann werden Sie bald die Bögen und das Seitrutschen beherrschen lernen.

Doch nun zur Praxis. Suchen Sie sich in Ihrem Wintersportort einen Hang mit geringer Neigung und möglichst mit einem ebenen Auslauf. Einen Hang, auf dem Sie mit der Geschwindigkeit eines langsam gehenden Fußgängers herabgleiten können.

Diesen Hang können Sie, da er ja nicht zu steil ist, mit Hilfe Ihrer Stöcke hinaufgleiten, indem Sie die Stöcke schräg in den Hang stützen und sich kräftig abstoßen und so den Hang hinaufschieben. Die Ski sollten 20 bis 30 Zentimeter auseinander stehen (Abb. 24, 25), denn mit diesem Abstand haben Sie eine große Unterstützungsfläche, Ihr Schwerpunkt ist freier beweglich, und das erhöht die Sicherheit für Ihr Gleichgewicht sowohl beim

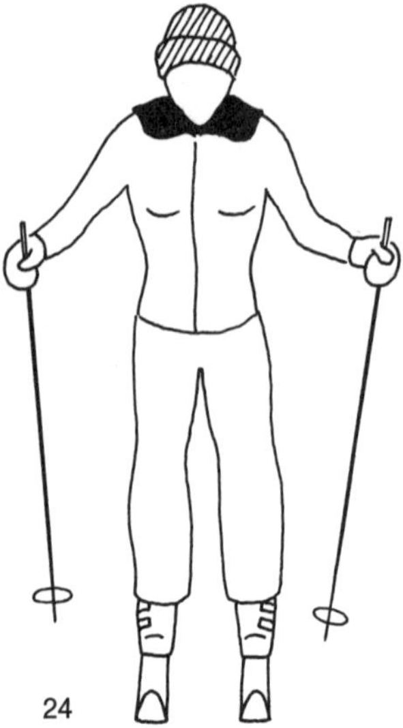

24

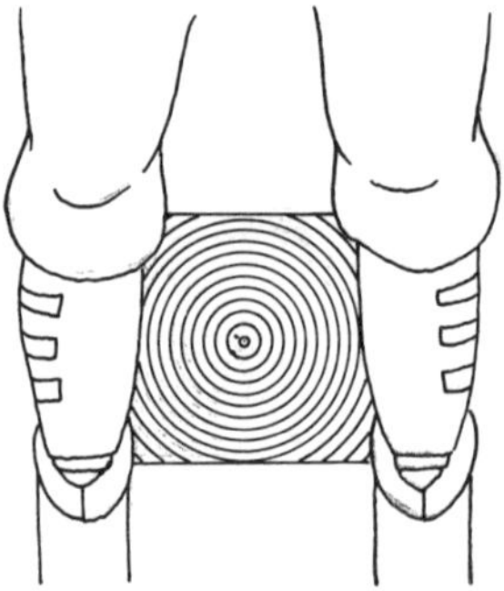

25

Bergauffahren als auch beim Hinabgleiten. Wie man steilere Berge im Grätenschritt oder im Treppen- oder Halbtreppenschritt hinaufkommt, wenn es keinen Lift gibt, dazu kommen wir noch.

Der Aufstieg auf den flachen Hang bereitet also keinerlei Schwierigkeiten, wenn Sie immer schön Ihre Stöcke zu Hilfe nehmen. Sie können dann nicht nach hinten wegrutschen. Wenn Sie an dem Punkt angekommen sind, von dem Sie 20, 30 oder 40 Meter nun hinuntergleiten wollen – das genügt für den Anfang, um mit den Ski vertraut zu werden und Angstgefühle oder Verkrampfung nicht aufkommen zu lassen –, dann stellen Sie sich, noch immer fest auf die Stöcke gestützt, quer zum Hang und pausieren kurz, bis Ihr Atem wieder ganz ruhig geht. Dann drehen Sie, immer noch mit den Stöcken abgestützt, die Skispitzen hangabwärts. Ihre Stöcke stehen schräg im Hang, sind Ihre »Bremsen«, Ihre Ski stehen 20 bis 30 Zentimeter auseinander. Nun beugen Sie leicht die Knie, locker, locker – beugen die Knie stärker, wenn Sie etwas größer und kräftiger sind – (Abb. 26, 27) und fühlen, ob Ihre Füße von den Zehen bis zur Ferse auch guten

26

27

Kontakt mit der Sohle Ihres Skischuhes haben. Das ist wichtig, daß Sie dies spüren, denn Ihre Füße werden nun mit Hilfe dieses Schuhes die Ski führen. Und nun lösen Sie die »Bremsen«, das heißt, Sie stoßen sich leicht mit den Stöcken ab und beginnen den Hang hinab zu gleiten.

Keine Angst! Nicht verkrampfen. Die Natur hat Sie mit einem natürlichen Gleichgewichtssinn ausgestattet. Bei Kindern können Sie das besonders deutlich bemerken. Wenn Sie also nun nichts unternehmen, um diesen natürlichen Gleichgewichtssinn einzuschränken, werden Sie langsam den Hang hinabgleiten und im ebenen Auslauf leicht zum Stehen kommen. Ist kein ebener Auslauf da, gehen Sie ganz tief seitlich in die Hocke und setzen Sie sich neben Ihre Ski zum flachen Hang hin. Aufstehen haben wir ja geübt.

Das üben Sie nun einigemale. Beginnen Sie mit 20-Meter-Abfahrten, dann 30 und 40 Meter. Sie werden selbst auf diesem flachen Hang feststellen, daß der Skiläufer bald eine ganz bestimmte Geschwindigkeit erreicht, die sich dann nicht mehr steigert, wenn er nicht mit den Stöcken durch Abstoßen beschleunigt. Lassen Sie die Ski also laufen. Achten Sie nur darauf, daß Ihre Ski nicht auseinanderlaufen oder gar über Kreuz geraten, denn dann werden Sie stürzen. Fühlen Sie mit den Füßen und führen Sie (mit Hilfe der Skischuhe) Ihre Ski.

Sind Sie nun etwas sicherer geworden, haben Sie das richtige Gefühl für die Ski und bemerkt, daß Sie das Gleichgewicht ganz leicht halten können, wenn Sie locker fahren, sich nicht verkrampfen, nicht voller Angst immer an einen möglichen Sturz denken, dann ziehen Sie am Schluß nicht mehr die Notbremse durch seitliches Hinsetzen, oder fahren im ebenen Auslauf nicht weiter so, bis Sie stehenbleiben, sondern üben das Umtreten.

Das Umtreten ist weit weniger schwierig als Sie glauben und viel nützlicher und wichtiger als Sie angenommen haben. Es geht so: Sie kommen in den Auslauf und peilen den Punkt, die Stelle an, wo Sie stehenbleiben wollen. Möchten Sie zum Beispiel an einen Platz rechts von ihrer Spur, beugen Sie die Beine leicht, heben dann den rechten Ski ein wenig an und setzen ihn mit leicht geöffneter Schaufel rechts auf den Schnee. Die Schaufel muß also nach rechts zeigen. Dann heben Sie unmittelbar danach den linken Ski und stellen ihn parallel.

Nun warten Sie einige Augenblicke und wiederholen diese »Übung« einigemal. Dadurch verändern Sie die Richtung Ihres Laufes. Versuchen Sie aber am Anfang nicht, das Gleichgewicht auf einem Ski zu finden, bevor Sie den anderen aufsetzen. Das werden Sie noch nicht können. Üben Sie vielmehr kurze Richtungsänderungen nach rechts und links, ohne sich viel um Ihren Körper zu kümmern. Sie werden es erst mit der Zeit lernen, Ihr Gleichgewicht auch auf einem Ski zu halten und – wie im Schlittschuh-Schritt – von einem Ski auf den anderen »umzusteigen« (Abb. 28).

Wenn Sie diese geschilderten Übungen beherrschen, dann können Sie sich mit einem leichten Lift – Anfängerlift – auf einen etwas steileren Hang fahren lassen. Doch auch das Liftfahren will gelernt sein. Da es leider noch keine offiziellen Kennzeichnungen für die Lifte gibt – wie etwa für die Pisten – vertrauen Sie ihren Augen oder dem Rat erfahrener Freunde.

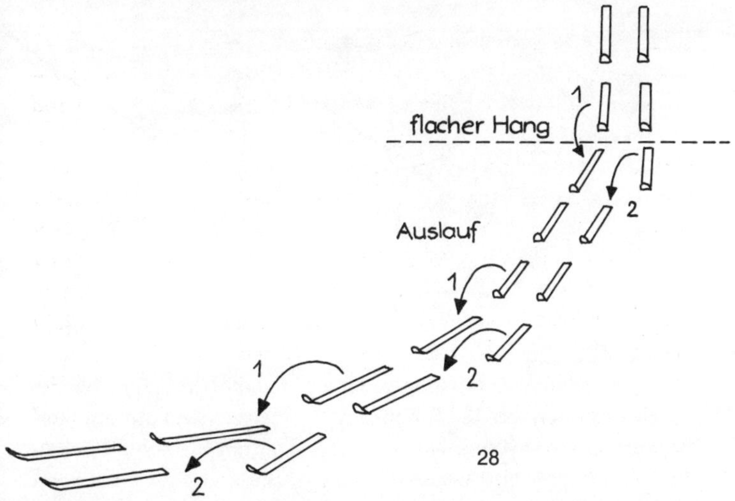

28

Treten Sie in die Spur, Ihre Ski werden dann etwa 20 bis 30 Zentimeter auseinander stehen, achten Sie darauf, sie parallel zu halten. Wenn dann der Teller oder Bügel Ihnen gereicht wird, denken Sie daran: Beide sind keine Sitzflächen. Sie sollen Sie nur unterstützen, wenn Sie den Hang aufwärts fahren.
Nehmen Sie die Stange in beide Hände. Dabei halten Sie die Skistöcke beide in einer Hand nach außen. Hand durch die Schlaufen, um ein Verlieren der Skistöcke zu vermeiden. Versuchen Sie, mit leicht angewinkelten Armen den Ruck beim Anfahren etwas zu dämpfen, halten Sie das Gleichgewicht und lassen Sie sich den Hang hinaufziehen, indem Sie langsam sich gegen den Teller oder Bügel gleiten lassen. Stehen Sie niemals verkrampft im Lift!
Fahren im Doppellift im Bügel: Skistöcke stets außen halten, vom anderen Partner entfernt. Dabei können Sie sich am Seil natürlich nur mit einer Hand festhalten. Achten Sie darauf, daß der Innenski nicht den Innenski des Nachbarn berührt oder ihn gar kreuzt. Dann purzeln Sie unweigerlich aus der Spur (Abb. 29).
Halten Sie den Oberkörper gerade, lehnen Sie sich nicht nach außen, weil Sie dann ihren Partner durch die Hebelwirkung der Ski wegdrücken.

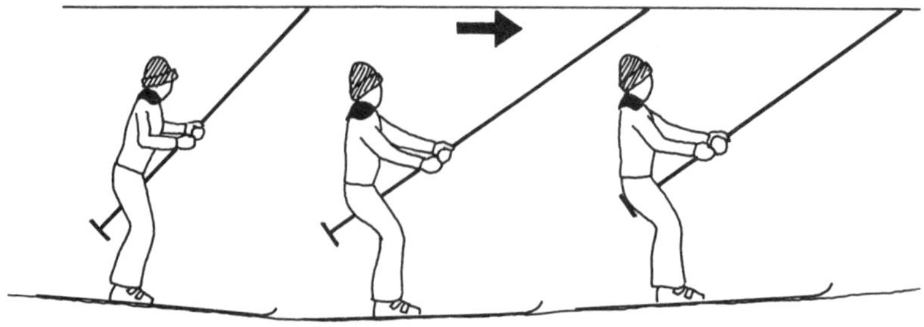

29

Purzeln Sie aus der Liftspur, machen Sie sofort die Spur für die Nachfolgenden frei, die Ihnen ja nicht ausweichen können. Sind Sie nicht zu weit vom Einstieg entfernt, fahren Sie ab und gehen Sie erneut zum Lift. Glauben Sie, daß Sie den Rest aufsteigen können, versuchen Sie es. Es wird hier allerdings nur im Grätenoder Treppenschritt gehen.

Im Grätenschritt können Sie auch steile Hänge erklimmen. Die Ski werden abwechselnd in einem bestimmten – von Ihnen zu bestimmenden – Winkel gegeneinander nach vorn gesetzt, mit den Skistöcken stützen Sie sich dabei hinter den Ski ab, um ein Abgleiten nach hinten zu verhindern. Das kann besonders bei zu steilen Hängen und im Tiefschnee passieren.

Also: Die Ski bilden einen Winkel, der je nach Hangsteile stärker oder schwächer ist. Sie werden abwechselnd nach vorn gesetzt, mit den Stöcken hinten abstützen. Achten Sie darauf, daß Sie die Ski hinten nicht übereinander setzen. Bei hartem oder vereistem Schnee setzen Sie die Innenkanten ein, um ein Abrutschen zu verhindern, neigen Sie die Knie näher zum Hang (Abb. 30).

Steilere Hänge werden Sie nur im Treppenschritt erklimmen können. Stellen Sie die Ski waagerecht zum Hang, setzen Sie dann den Bergski nach oben und den bergwärts stehenden Stock gleichzeitig mit nach oben. Wenn Sie mit Bergski und dem Stock sicheren Halt gefunden haben, ziehen Sie den Talski und den talwärts stehenden Stock nach. Sie gehen förmlich wie auf einer Treppe seitwärts den Hang hoch. Je vereister die Piste oder härter

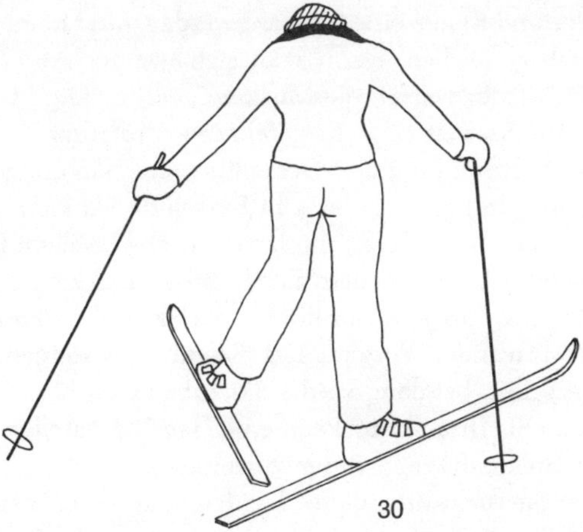

30

der Schnee ist, desto stärker müssen Sie die Stahlkanten Ihrer Ski einsetzen (Abb. 31).

Der Halbtreppenschritt unterscheidet sich vom Treppenschritt dadurch, daß bei ihm die »Treppe« nicht direkt nach oben gebaut wird, sondern seitlich nach vorn oben. Sie »bauen« also gewissermaßen eine schräge Treppe.

Der bequemste Weg nach oben ist natürlich der mit dem Sessellift, von Kabinenbahnen und Gondeln einmal abgesehen, dennoch kann das Fahren mit dem Sessellift an kalten Tagen oder

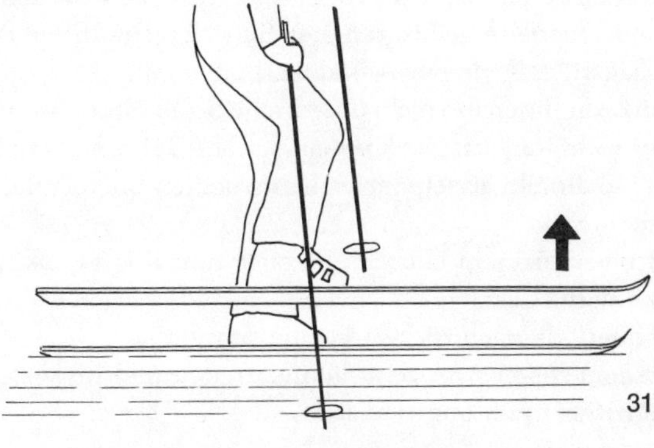

31

bei Schnee und Regen eine Strapaze werden. Und nicht nur das. Es ist auch gefährlich, wenn man sich vor der Abfahrt nicht gründllich wieder wärmt, die Muskeln geschmeidig macht. Ein »kalter« Abfahrer ist ein sehr gefährdeter Abfahrer.

Auch für das Fahren mit dem Sessellift sollte man einige grundsätzliche Regeln beachten. Es gibt Sessellifte, da kann man die Ski anbehalten, bei anderen muß man sie abschnallen. Die meisten Sessellifte, bei denen man die Ski anbehalten kann, verfügen auch über eine Fußraste, auf die Sie die Ski stellen können.

Schauen wir uns den Vorgang des Ein- und Aussteigens an, bei einem Sessellift, bei dem Sie die Ski anbehalten können.

- ☐ Nehmen Sie Ihre Skistöcke in eine Hand und stellen Sie sich an die Stelle, die man Ihnen zuweist.
- ☐ Blicken Sie rückwärts, damit Sie den Sessel kommen sehen, greifen Sie mit der freien Hand die Armstütze des Sessels und setzen Sie sich. Ski auf die Fußraste eng beisammen, schließen Sie die Sicherheitsvorrichtung, und achten Sie darauf, daß Sie mit Ihren Skistöcken niemand gefährden. Halten Sie sie senkrecht, nah beim Sessel.
- ☐ Zum Aussteigen haben Sie meist eine Strecke von 10 bis 15 Metern zur Verfügung. Öffnen Sie rechtzeitig die Sicherheitsvorkehrung, nehmen Sie nun in jede Hand einen Stock. Sobald Ihre Ski den Schnee berühren, stehen Sie auf und lassen sich vorgleiten. Notfalls unterstützen Sie dieses Vorgleiten mit Ihren Stöcken durch kräftiges Schieben. Fahren Sie in einem Doppelsessellift, genieren Sie sich nicht, Ihrem Partner zu sagen, daß Sie ein Anfänger sind, damit ein eventueller Sturz von Ihnen ihn nicht überrascht. So ein Sturz ist möglich, aber nicht tragisch, Sie können ja schon aufstehen (Abb. 32).

Wenn Sie die Ski abnehmen müssen, sollten Sie folgendes beachten:

- ☐ Ski und Stöcke in Gürtelhöhe quer zum Körper, Skispitzen nach vorn.
- ☐ Schauen Sie nach rückwärts zum Sessel.
- ☐ Mit dem freien Arm Sessellehne greifen und hinsetzen, Sicherheitsvorrichtung schließen.

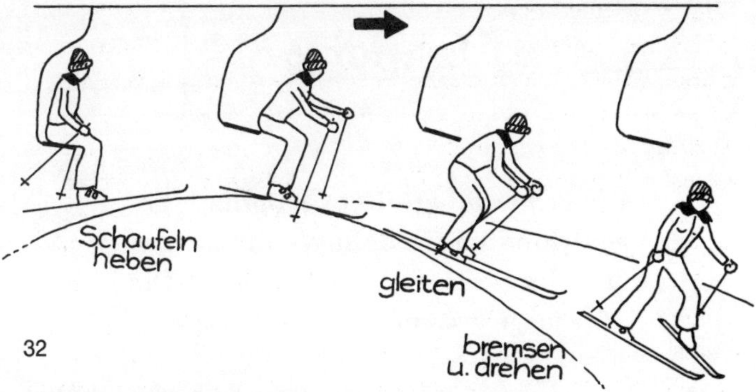

32

☐ Ski und Skistöcke eng zum Lift nach vorn halten, um Kollisionsgefahr mit den Trägern zu vermeiden.

☐ Vor dem Aussteigen Sicherheitsvorrichtung öffnen und bei Bodenberührung den Sessel verlassen.

Auch hier macht Übung den Meister.

Wir sind nun also auf einer etwas steileren und schwierigeren Piste als der, die wir uns für die ersten Übungen ausgesucht haben. Nun müssen wir in einer anderen Technik abfahren, der wir uns in der nächsten Lektion zuwenden wollen.

Lektion 6

Der Schneepflug – Der Gleitpflug – Bogenfahren im Gleitpflug – Pflugbogen über der Fallinie – Ausstemmen – Die Braquage – Bremsen mit Braquage

Schneepflug und Stemmstellung nennt man die Stellung der Ski, in der die Schaufeln fest geschlossen und die Skienden geöffnet sind (Abb. 33). Die Ski stehen also in einem ganz bestimmten Winkel zueinander, die Stöcke zeigen nach hinten, die Knie sind leicht nach vorn geschoben, und die Beine stehen in X-Stellung. Fährt man in dieser Stellung einen Hang hinab, bremst man die Fahrt enorm. Deshalb wird der Schneepflug auch in allen Ski-Schulen den Anfängern als erste Übung auf einem etwas steileren Hang beigebracht.

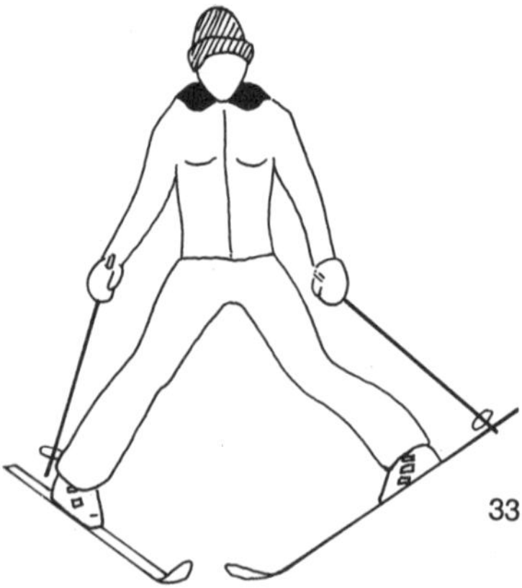

33

Wir üben das also zunächst einmal. In der bereits bekannten und in der vorigen Lektion auf dem flachen Hang mit Auslauf geübten

Der Schneepflug ist die erste Übung, die Anfänger für die Abfahrt auf einem steilen Hang lernen müssen.

Parallelstellung der Ski fahren wir langsam an, drücken dann die Skienden nach außen, wodurch die Schaufeln zueinander geführt werden, Stöcke nach hinten, Knie leicht nach vorn schieben, die Beine kommen in X-Stellung und wir gleiten bremsend. Je weiter die Skienden auseinander geführt werden, desto stärker ist die Bremswirkung. Auf harten oder vereisten Pisten wird sie noch verstärkt, wenn wir die Ski-Innenseiten einkanten.
Achten Sie auch bei der Schneepflugstellung und Fahrt im Schneepflug darauf, daß Sie völlig locker stehen, die Knie leicht nach vorn einwärts drücken. Die Fahrt regulieren Sie durch Hoch- und Tiefgehen, was die Stellung der Ski zueinander verändert. Gehen Sie tiefer, verlangsamen Sie die Fahrt, kommen Sie aus der leichten Hocke heraus, beschleunigen Sie die Fahrt bis zur »Schußfahrt«.
Doch in dieser Stellung werden Sie meist nur langsam den Hang hinab gleiten. Darum ist eine Variante des Schneepflugs interessanter: der Gleitpflug. Er heißt so, weil er weniger auf das Bremsen, als mehr auf das kontrollierte Gleiten ausgerichtet ist und es Ihnen möglich macht, bald die ersten Bögen zu fahren.
Wir beginnen den Gleitpflug genauso wie den Schneepflug mit der Parallelstellung der Ski und dem leichten Anfahren auf dem Hang, öffnen dann die Ski etwas mehr als gewöhnlich, geben etwas mehr Druck auf die Fersen und schieben wie beim Schneepflug die Ski schräg nach vorn zusammen und hinten auseinander, wobei wir die Schaufeln vorn nicht so dicht zusammenführen wie beim Schneepflug. Bemühen Sie sich, die Ski möglichst flach(!) auf dem Schnee zu lassen. Gleiten Ihre Ski nun mühelos über den Schnee, halten Sie schön das Gleichgewicht, werden Sie flache Hänge mühelos abfahren können. Sie werden im Gleitpflug mehr Fahrt bekommen als im stärker bremsenden Schneepflug, doch eigentlich müßte er Ihnen trotzdem ein Gefühl der Sicherheit beim Abfahren vermitteln (Abb. 34). Anhalten, also bremsen, können Sie dann wieder im Schneepflug. Das sollten Sie auf einem der Anfängerhänge, nach der Liftfahrt, einigemal üben und sich dann der nächsten Übung zuwenden: Bogenfahren im Gleitpflug.

Kinder gehen ganz automatisch zur Beschleunigung der Abfahrt in den Gleitpflug über und bremsen wieder im Schneepflug.

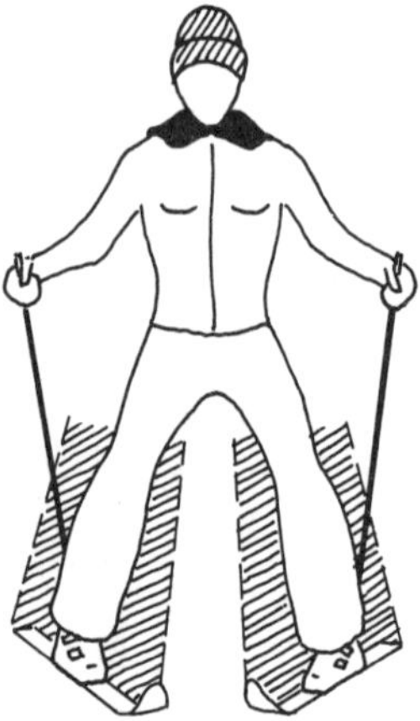

34

Wenn Sie also das Pflugfahren – Gleit- und Schneepflug – beherrschen und schon anhalten können –, im Notfall wirkt die natürliche »Po-Bremse« immer –, sollten Sie das Bogenfahren im Gleitpflug als nächste Übung versuchen. Sie fahren an wie immer in der Parallelstellung, gehen über in die Gleitpflugstellung und müssen nun, um die Richtung zu ändern, die Ski abwechselnd belasten.

Wollen Sie nach links, knickt das rechte Bein ein, und wird etwas stärker nach vorn gebeugt, während Sie die rechte Ski-Innenkante etwas stärker belasten. Bei der Richtungsänderung nach rechts ist es umgekehrt. Sie knicken das linke Bein leicht ein und beugen es etwas stärker nach vorn, belasten die linke Ski-Innenkante. Wichtig bei jeder Richtungsänderung ist der gute Kanteneinsatz.

Die Richtungsänderung erfolgt gewissermaßen durch Ihre rhythmischen Hoch- und Tiefbewegungen und durch die abwechselnde Belastung der rechten oder linken Ski-Innenkante (Abb. 35, 36). Achten Sie darauf, daß mit dem jeweiligen Knie auch der Körper etwas nach vorn gebeugt werden muß. Versuchen Sie die Bögen möglichst nahe der Fallinie gleichmäßig aneinanderzureihen. Üben Sie das, bis sie es gut beherrschen, und dann versuchen Sie den ersten Pflugbogen zu fahren.

Sobald Sie nun im Gleitpflug einigermaßen schnell und sicher sind, und die Richtung ändern können, sollten Sie den ersten großen Pflugbogen über die Fallinie machen, das ist wirklich nicht so schwierig, wenn Sie dieser Anweisung folgen.
Fahren Sie mit Parallelski schräg zum Berg an und drehen Sie mit der Ferse den Bergski – das ist der obere, der Ski zum Berg hin – in Stemmstellung, hinten nach außen, vorn entsprechend leicht einwärts.
Sollte Ihr Bergski in Gefahr geraten, im Schnee hängenzubleiben, drücken Sie Ihr Bergknie leicht nach innen, dann kommt Ihr Ski flacher auf den Schnee zu liegen und das Ausstemmen dürfte Ihnen keine Schwierigkeiten machen.
Achtung! Jetzt kommt ein unangenehmer Moment, Sie dürften sich einen Augenblick nicht ganz so sicher fühlen. Das ändert sich sofort, wenn Sie – wie in der Gleitpflugstellung – beide Ski gleichmäßig belasten. Lassen Sie Ihren Ski nun laufen. Sie wer-

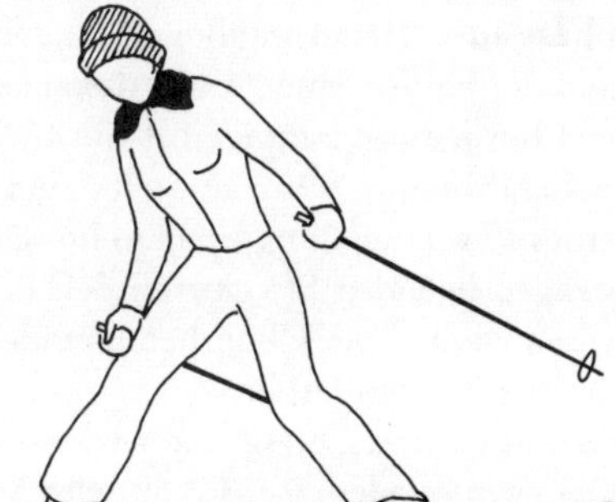

35

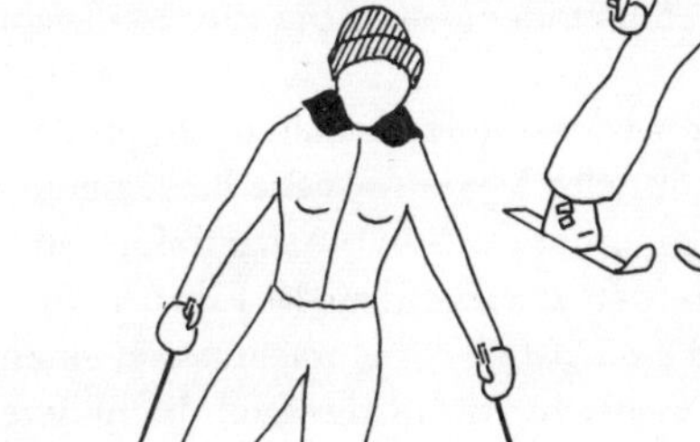

36

den automatisch einen weiten Bogen mit Ihnen machen, und kurz darauf werden Sie sich auch in der Fallinie befinden.
Jetzt müssen Sie mutig beide Ski – besonders kräftig den Talski – also den inneren, dem Tal zugewandten Ski – drehen. Nach nur wenigen Metern werden Sie sich mehr oder weniger quer zum Hang befinden. Es hängt von Ihnen ab, ob Sie Ihre Ski in dieser Stellung mehr oder weniger weit geöffnet haben. In jedem Fall haben Sie ihren ersten großen Bogen gefahren. Wenn ich hier nicht näher darauf eingehe, was Ihr Körper in dieser Phase macht, dann darum, weil er erfahrungsgemäß, um im Gleichgewicht zu bleiben, das Richtige tut. Ganz automatisch, wenn Sie locker und gelöst und nicht ängstlich und verkrampft laufen.
Es kommt bei Ihren ersten Versuchen, einen großen Pflugbogen zu fahren, ganz besonders darauf an, daß Sie den Bergski ausstemmen und *nicht* den Talski oder gar alle beide. Sie sollten sich in den Hang förmlich hineintreiben lassen, ohne selbst nachzuhelfen. Dieser geschilderte Bogen ist mit einer passiven Gleitphase ausgestattet, ein Bogen für vorsichtige Fahrer und Anfänger, der Sie von einer fast horizontalen Schrägfahrt in die andere fast horizontale Schrägfahrt führt.
Sollte Ihnen am Schluß wegen zu geringer Geschwindigkeit oder eines zu breiten Pflugs die Drehung der Ski nicht so ganz gelingen, so beenden Sie einfach den Bogen im Pflug. Beim steten Üben werden Sie schon herausfinden, wann Sie Ihre Ski leicht drehen können (Abb. 37).
Bei der ganzen Übung sind weder mit denArmen noch mit dem Oberkörper oder den Hüften oder Knien spezielle Bewegungen nötig, die nicht beschrieben wurden. Lassen Sie sich treiben vom Schwung Ihrer Ski. Sie machen ja nicht allzuviel Fahrt.
Anders ist das, wenn Sie die nächste Übung machen und einen steileren Hang abfahren. Vielleicht wird Ihnen hier die höhere Geschwindigkeit zunächst etwas »unheimlich« vorkommen. Überwinden Sie diese Scheu oder gar Angst, bleiben sie locker und gelöst, verkrampfen Sie sich nicht, erinnern Sie sich an alles, was Sie bisher gelernt haben, und versuchen Sie um Himmels willen nicht, zu bremsen. Denn die schnellere Fahrt ist durchaus

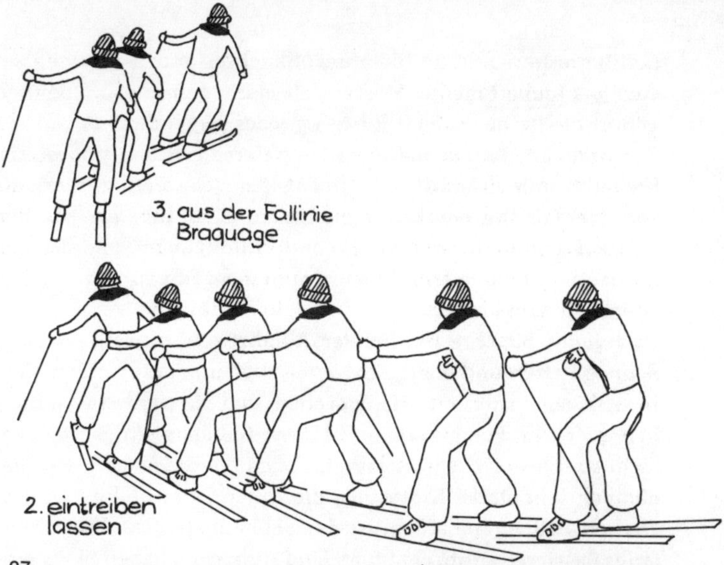

37

keine Erschwernis für einen großen Bogen. Im Gegenteil! Sie werden merken, daß die höhere Geschwindigkeit Ihnen sogar beim Bogenfahren hilft.

Fahren Sie also nun etwas steiler an, und öffnen Sie den Bergski nur leicht. Nun lassen Sie sich in die Fallinie hineintreiben, und halten Sie das Gleichgewicht auf beiden Ski. Sie werden schon merken, wann der richtige Moment gekommen ist, um Ihre Ski leicht zu drehen, damit Sie in eine leichte Schrägfahrt kommen – wenn Sie die vorherige Übung genügend geübt haben –, und dann machen Sie so während der ganzen Abfahrt weiter.

Doch bevor wir mit Bogenfahren weitermachen oder gar uns dem Parallelschwung zuwenden, hier eine wichtige Übung, die Ihnen sowohl beim Bremsen aus der Fahrt heraus helfen, als auch beim Bogenfahren und Parallelschwung stets nützlich sein wird: die sogenannte Braquage.

Dieses kräftige Drehen der Ski in breiter Spur, mit dem man aus der schnellen oder langsamen Fahrt mit parallelem Ski oder auch Gleitpflug sicher und schnell zum Stehen kommen kann, hat der

berühmte französische Skifahrer, Skilehrer und Skitheoretiker Georges Joubert meines Wissens als erster beschrieben. Seither gehört die Braquage zum Rüstzeug jedes guten Skiläufers.
Zur Braquage fahren Sie in etwas tieferer Haltung und etwas breiterer Spur als sonst mit Parallelski an. Sie werden merken, wie Sie Geschwindigkeit aufnehmen. Kontrollieren Sie die Druckverteilung Ihrer Füße, besonders der Fersen, und drehen Sie dann mutig und entschlossen mit einem Schwung ihre Füße energisch zum Hang.
Und wenn Sie Ihre Ski bei der Abfahrt schön flach auf dem Schnee hatten und energisch genug drehen, dann werden sich Ihre Ski eben auch zum Hang drehen, und Sie werden zum Stehen quer zum Hang kommen. Haben Sie keine Angst, das ist nicht so schwierig, wie es klingt. Durch die Braquage lösen Sie nämlich sehr starke Kräfte aus, die Ihnen beim und durch das Drehen helfen. Außerdem ist das Schlimmste, was Ihnen anfangs passieren kann, ein Sturz. Und Aufstehen haben Sie ja gelernt.

38

Sie werden von Versuch zu Versuch merken, wie es Ihnen immer leichter fällt, das Gleichgewicht zu halten, im richtigen Moment energisch zu drehen, um zum Stehen zu kommen (Abb. 38).

Die Braquage ist eine wichtige Übung für das Bremsen, das Richtungwechseln und das beliebte Wedeln.

39

Die Braquage wird Ihnen in vielen Situationen des Skilaufs eine große Hilfe und ihre Beherrschung Ihnen eine große Beruhigung sein. Sie werden übrigens merken, daß Ihnen die Braquage um so leichter gelingt, je schneller Sie fahren, und die Beherrschung der Braquage wird Ihnen die Angst vor dem Tempo erheblich mindern. Mit der Braquage kann man eventuell sogar auf das Stemmen verzichten.

Mit der Beherrschung der Braquage können wir uns nun einigen anderen Übungen zuwenden, zu denen wir sie brauchen werden.

Bisher haben wir beim Gleitpflug immer im Schneepflug gebremst. Nun versuchen wir das einmal mit Braquage. Wir können uns nun schon einen etwas steileren Hang aussuchen, gleiten mit ziemlich schmal gehaltenem Gleitpflug und mit stark gebeugten Beinen, bis wir eine ausreichende Geschwindigkeit erreicht haben, und drehen nun energisch wieder, wie gelernt, die Füße (und mit ihnen die Ski) quer zum Hang (Abb. 39). Versuchen Sie das sowohl mit Anfahrt senkrecht zur Fallinie als auch mit leicht schräger Anfahrt zum Hang. Im Grunde ist das nur eine Ergänzungsübung. Zur Ergänzung sollten Sie dann noch üben, aus der Fallinie in die Braquage zu kommen, wie es die Abbildungen 40/42 Ihnen zeigen. Das Überfahren der Fallinie ist der am besten geeignete Augenblick, um die Ski durch Braquage zu drehen, wodurch Sie wieder in Parallelstellung kommen.

Nun müßten Sie sich nach Beherrschung dieser ersten Übungen auf den Ski eigentlich sicher fühlen. Wichtig ist wie gesagt, daß Sie mit relativ flach geneigten Hängen anfangen und sich dann langsam steileren – nicht steilen! – zuwenden. Machen Sie nicht den Fehler, wenn es bis hierhin relativ gut gegangen ist, zu glauben, Sie könnten nun schon Skifahren, jedenfalls genug, um sich auch auf wirklich steile Hänge wagen zu können. Wahrscheinlich würden Sie sogar auch diese einigermaßen meistern oder auf ihnen zurechtkommen, nur: Sie würden Gefahr laufen, sich schwere Fehler anzugewöhnen. Und Fehler, das wußte schon Goethe, sind wie die Fliegen. Sie kommen immer wieder, auch wenn man sie verjagt. Und mit diesen Fehlern würden Sie sich selbst jedem Fortschritt verschließen, es würde Ihnen schwer, ja unmöglich sein, weitere Fortschritte zu machen.

Üben Sie nicht nur die in den Lektionen erklärten Übungen, sondern üben Sie sich auch am Anfang in Geduld, wenn Sie ein guter Skifahrer werden wollen. Es ist noch kein Meister vom Himmel gefallen, aber mancher angehende »Meister« des Skilaufs ist am Anfang seiner Karriere schon oft hingefallen.

Anfänger bestaunen immer wieder Skilehrer oder sehr gute Skiläufer, wie sie scheinbar mühelos und wie Tänzer den Hang hinuntergleiten. Es sieht wie die leichteste Sache der Welt aus, wie sie so einen Schwung neben den anderen setzen und die Piste hinunterwedeln. Das Wedeln soll darum auch unsere nächste Übung sein.

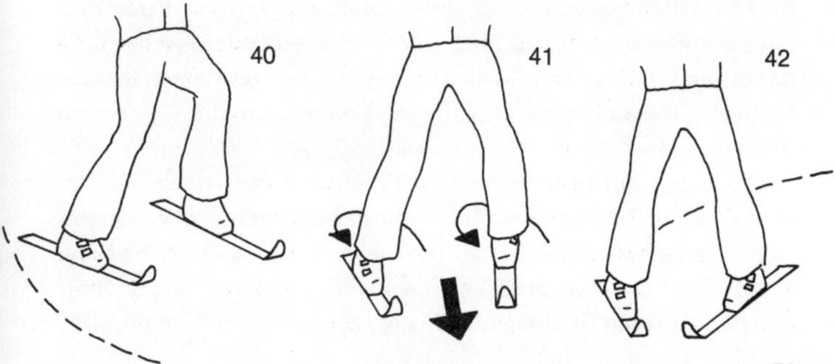

40 41 42

Lektion 7

Auch das Wedeln kann man lernen – Richtungswechsel über der Fallinie – Der richtige Kanteneinsatz – Einsatz der Skistöcke – Wichtiges Hilfsmittel: die Braquage – Lernen Sie das Gleiten – Äußeres Bein und inneres Bein – Braquage mit dem äußeren Bein – Der Rhythmus ist das Wichtigste

Soleicht, wie das Wedeln aussieht, ist es zwar nicht, dennoch: so schwer zu erlernen ist es auch nicht. Im Grunde genommen kommt es darauf an, die Ski immer parallel zu halten. Der Richtungswechsel wird durch eine Hoch-Tiefbewegung bewerkstelligt, wobei Sie mit beiden Ski über die Fallinie abstoßen und bei jedem Schwung den belasteten Ski und die belastete Skikante wechseln müssen. Der Einsatz der Kanten richtet sich natürlich nach der Steilheit und Beschaffenheit des Hanges. Klar, daß je steiler, härter oder gar vereister ein Hang ist, Sie Ihre Skikanten desto stärker einsetzen müssen. Durch den Einsatz Ihrer Skistöcke können Sie die Ski beim Abstoßen entlasten. Achten Sie darauf, daß Sie bei sehr steilem Hang die Ski vor dem nächsten Schwung möglichst quer zum Hang kriegen, um die Geschwindigkeit zu drosseln.

Doch genug der Theorie, nun zur Praxis, bei der wieder die Braquage eine sehr wichtige Rolle spielt. Beginnen Sie auf einem ziemlich flachen Hang mit der parallelen Anfahrt in der Fallinie. Wenn Sie nun eine gewisse Geschwindigkeit erreichen, dann machen Sie eine Braquage, als wenn Sie anhalten wollten, drehen aber Ihre Ski nicht voll quer zum Hang, sondern nur um etwa 15 Grad und fahren in einer leicht schrägen Geradeausfahrt mit Parallelski weiter. Wenn Sie wieder eine gewisse Geschwindigkeit erreicht haben, machen Sie eine Braquage zur anderen Seite, wieder nur mit einer Skidrehung um etwa 15 Grad. Gehen Sie bei der Drehung der Ski etwas in die Knie, das erleichtert die Drehung. Im übrigen: Je näher Sie an der Fallinie bleiben, desto leichter fällt Ihnen diese Übung, die Sie ständig mit abwechselnden Drehungen wiederholen sollten, denn sie bringt Sie dem Wedeln einen Schritt näher. Abbildung 43 macht Ihnen das deutlich. Sie sehen, wie Sie schon ganz grob wedeln, zumindest Ansätze dazu machen.

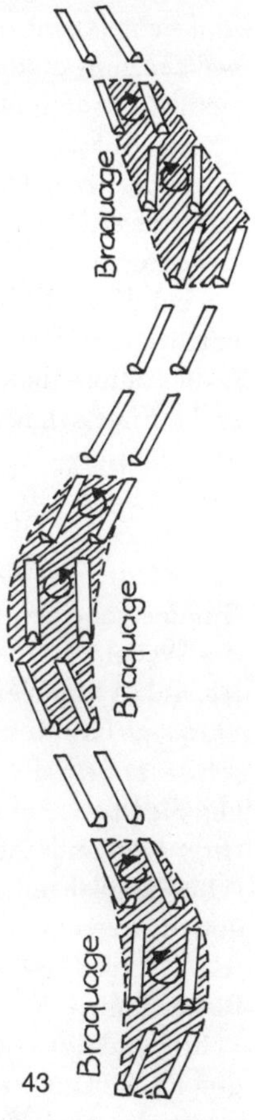

43

Diese Übung sollten Sie so lange wiederholen, bis Sie sie beherrschen. Wenn es Ihnen gelingt, in der Fallinie so hin- und herzuschwingen, sind Sie auf dem besten Wege zum Wedeln. Beherrschen Sie diese Übung also – und Sie werden einige Zeit darauf verwenden müssen –, können Sie daran gehen, Ihre Braquage enger und flüssiger zu machen. Schon beim Üben der vorhin geschilderten Übung werden Sie merken, wie ihre anfangs noch ungeschickten und unsicheren Richtungsänderungen langsam flüssiger und eleganter werden und sich elegant zu wirklichen Schwüngen abrunden. Das müssen Sie nun methodisch ausbauen. Am besten Sie fahren mit ziemlich breiten Ski eine Braquage, bremsen aber die Bewegung kurz darauf ganz entschieden. Wenn Sie sicher sind, daß Sie den Bogen steuern, dann können Sie damit beginnen, den Bogen zunächst weiter zu ziehen und dann nach und nach seinen Radius zu verkürzen, das heißt den Bogen enger zu fahren. Nun werden Sie bei dieser Übung anfangs oft aus der Fallinie geraten. Das macht gar nichts. lassen Sie sich dann aus der Schrägfahrt wieder in die Fallinie gleiten und versuchen Sie nun die Braquage leichter und sanfter zu fahren als vorher. Wenn Sie das beherrschen – und auch das müssen Sie üben, bis Sie es können, denn ich bin dafür, daß Sie Schritt für Schritt vorgehen und nicht hasten, desto besser lernen Sie es –, dann sollten sie schon beim Beginn der Braquage jeden Krafteinsatz zu vermeiden versuchen. So paradox es Ihnen erscheinen mag, auch das gehört zu den Vorübungen für das Wedeln.

Ich will es Ihnen erklären, warum Sie nun ohne Krafteinsatz die Braquage fahren sollen. Bisher waren es Ihre Kraft und Ihre Entschlossenheit, die Sie die Braquage fahren ließen, doch jetzt haben Sie inzwischen Fortschritte gemacht! Jetzt können Sie dank Ihrer Dynamik und Sicherheit auf der Piste von Kraft auf Geschmeidigkeit umschalten. Und mit dieser Geschmeidigkeit werden Sie nun über die Pisten nicht länger »fahren«, sondern gleiten. Und das Gleiten ist das Geheimnis des guten Skilaufens.

Bisher haben Sie die Braquage – und das war für das Erlernen richtig und notwendig – mit einem ziemlich energischen, kräftigen Ruck begonnen. Diesen müssen Sie nun nach und nach zu vermeiden trachten und sich bemühen, in die Braquage zu gleiten. Das werden Sie erst schaffen, wenn Sie beharrlich das grobe Wedeln an der Fallinie üben.

Nun müßten Sie eigentlich soweit sein, daß wir über einige Erfahrungen sprechen können, die Sie beim Skilauf, insbesondere bei der Braquage, gemacht haben. Haben Sie eigentlich bemerkt, daß Ihr im Bogen äußeres Bein mehr zu arbeiten hat, als das im Bogen innere Bein? Wenn noch nicht, dann achten Sie bei den

Der richtige Kanteneinsatz ist auch beim Richtungswechsel über der Fallinie für das sichere Führen der Ski von Bedeutung.

nächsten Übungen einmal darauf. Diese zufällige, durch physikalische Gesetze bedingte Tatsache wollen wir nämlich auf dem weiteren Weg zum Wedeln ausnutzen, uns zunutze machen.
Was das physikalische Gesetz angeht, handelt es sich schlicht darum, daß Ihre Geschwindigkeit in dem Moment, wo Sie einen Bogen fahren,eine nach außen drückende Fliehkraft freisetzt, der Sie ganz instinktiv mit Ihrem im Bogen äußeren Bein entgegenzuwirken bemüht sind.
Sie tun das – achten Sie einmal darauf –, indem Sie sich mit der Innenseite des Schuhs (Fußes) gegen die Fliehkraft, die Sie hinausdrücken will, stemmen und dabei das Knie nach innen in den Bogen drücken.
Und diese instinktive Bewegung sollten Sie nun mit der Braquage bewußt zu kombinieren versuchen. Üben Sie das so lange, bis Sie die bisher energisch und breit gefahrene Braquage, die Ihre Bogen einleitete, durch diese Bewegung ergänzen und schließlich ersetzen können. Dann werden Sie merken, daß Sie durch das bewußte Nach-innen-Drücken des äußeren Knies, kombiniert mit einer leichten Drehbewegung des im Bogen inneren Beines, den Bogen nun ganz sanft anfahren, den Bogen, den Sie dann wieder mit beidbeiniger Braquage kontrollieren. Georges Joubert, den ich bereits erwähnte, als denjenigen, der als erster die Braquage beschrieb, nannte das die Braquage mit dem äußeren Bein. Der Begriff hat sich inzwischen eingebürgert. Sind Sie also soweit gekommen, sind Sie dem Wedeln schon wieder einen Schritt näher (Abb. 44).
Wir wollen es nun zum erstenmal versuchen. Im Grunde genommen ist das Wedeln weiter nichts als das rhythmische Aneinanderreihen von Schwüngen an der Fallinie. Die Schwünge sollten im immer gleichen Rhythmus aneinandergereiht werden. Vom ersten Schwung an entsteht jeder weitere aus dem vorigen Schwung und leitet logischerweise den nächsten Schwung ein.
Das Schwierigste ist es, in diesen Rhythmus zu kommen, so daß also praktisch ein Schwung den anderen nach sich zieht und den nächsten vorbereitet. Am Anfang wird Ihnen das nicht auf Anhieb gelingen; es sei denn, sie sind ein Wunderläufer. Als Bra-

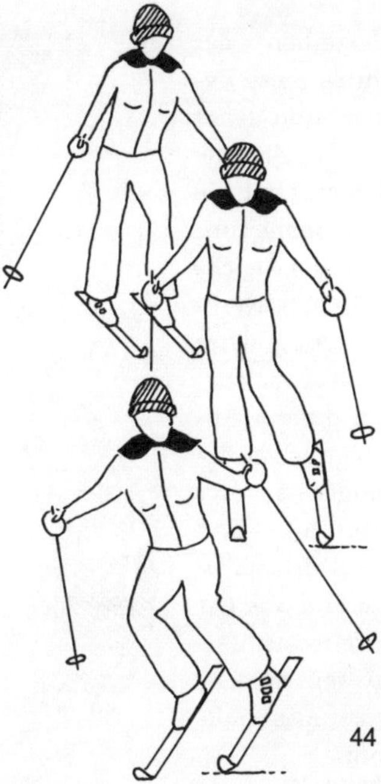

44

quage-Könner, der Sie inzwischen (hoffentlich) sind – sonst empfiehlt es sich, noch weiter zu üben –, fahren Sie die Fallinie und nun eine Serie von Braquagen. Nun müssen Sie versuchen, den Abstand zwischen den einzelnen Braquagen immer stärker zu verkürzen. Das geht leichter, als sie denken, denn die schnelle und kurze Aufeinanderfolge von Braquagen macht Ihnen die einzelne Braquage leichter. Doch auch das ist nicht das perfekte Wedeln. Die Bögen sind immer noch etwas zu groß (Abb. 45). Außerdem werden Sie bei diesen Braquagen noch etwas feststellen, was Sie am perfekten Wedeln hindert: Von Braquage zu Braquage geraten Sie immer tiefer. Sie müssen sich also etwas »erheben«. Und gerade darum geht es.
Wenn Sie Ihren Wedelrhythmus gefunden haben in den Braquagen, dann beginnen Sie damit, dieses Erheben, diese Bewegung nach oben etwas – nicht zu sehr – zu betonen. Was ist die Folge?

Beim Aneinanderreihen der Schwünge hilft Ihnen diese Bewegung nach oben und leitet »wie von selbst« bereits die nächste Braquage ein. Und Sie werden noch etwas bemerken: Die Braquage wird immer leichter, Sie brauchen immer weniger Kraft für die Drehung, denn durch die leichte Aufwärtsbewegung werden in diesem Augenblick Ihre Ski nämlich entlastet, haften weniger an der Schneedecke (Abb. 46). Und diese Auf- und Abwärtsbewegung in die Hocke und aus der Hocke mit dem Drehen ist das, was dem Wedeln den tänzerischen Anstrich gibt, es so mühelos aussehen läßt.

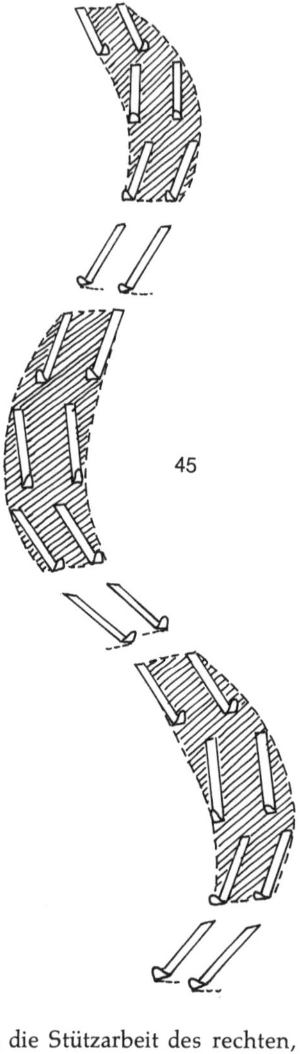

45

Sie können das Wedeln noch verfeinern, ihm sozusagen den letzten Schliff geben, wenn Sie auch noch das seitliche Abstützen mit in den Bewegungsablauf einbauen. Wir wissen – und haben es inzwischen sicher auch in der Praxis bemerkt –, daß jeweils das äußere Bein im Bogen die Hauptlast trägt, sich gegen die Fliehkraft abstützen muß. Beim Wechsel der Braquagen nun übernimmt während der Aufwärtsbewegung das linke Bein die Stützarbeit des rechten, wodurch Sie seitlich als auch nach oben abdrücken. Der Stock wird auf der abdrückenden Seite zu Hilfe genommen (Abb. 47).

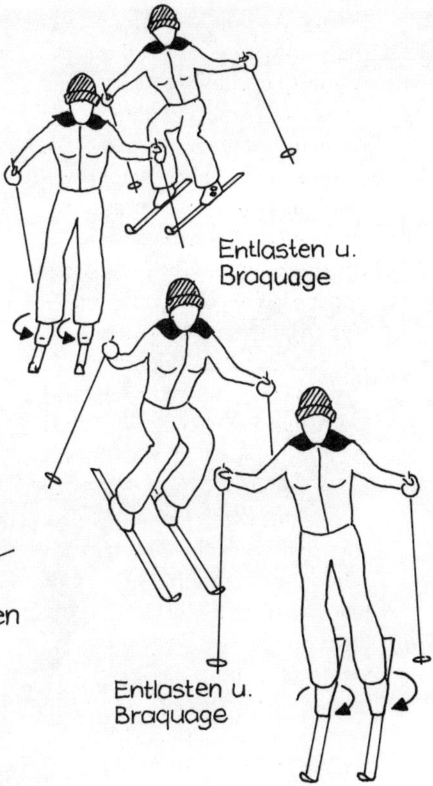
Entlasten u.
Braquage
Entlasten u.
Braquage

46

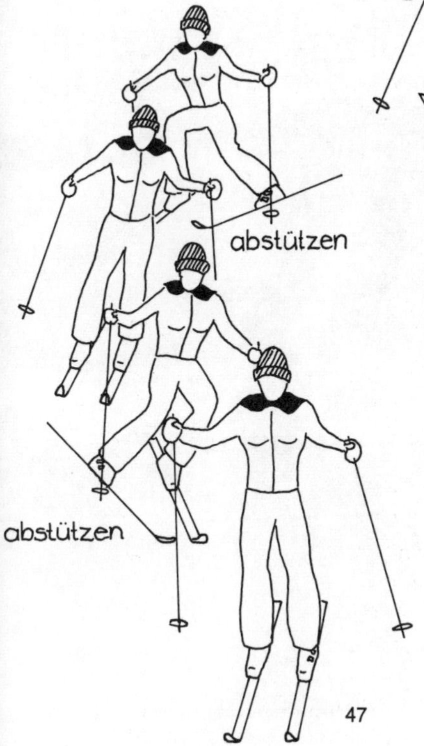
abstützen
abstützen

47

Das Wedeln, das mühelose Gleiten und Schwingen über die Piste, ist das erstrebte Ziel aller Skifahrer.

Es gibt auch andere Wege, zum Wedeln zu kommen, für die, die die Braquage nicht erlernen, das Wedeln über den Stemmweg zum Beispiel, aber ich würde die hier geschilderte Methode allen Anfängern empfehlen. Und wer eine höchst eigene Methode findet, zum Wedeln zu kommen, auch gut. Wir sind ja keine orthodoxen Ski-Fanatiker. Jeder soll so laufen, wie es ihm gefällt und – gelingt.

Nun können Sie schon einiges. Doch das Skifahren bringt für den Anfänger – und auch für Fortgeschrittene – noch viele andere Probleme. Wie hält man sich in der Schrägfahrt auf hartem Schnee? Wie fährt man über Buckelpisten und Bodenwellen und wie macht man seine Ski schneller? Das wollen wir in der nächsten Lektion behandeln.

Lektion 8

Das richtige Fahren auf harter oder vereister Piste – Hilfreicher Trick: der Hüftknick – Tips für Fahrten in Buckelpisten – Bodenwellen und wie man sie meistert – Bewußtes Schnellermachen der Ski – Der Schlittschuhschritt – Fahren im Tiefschnee – Achten Sie auf Ihr Außenbein – Warntafeln warnen wirklich

Wir haben bereits gelernt, daß man bei der Schrägfahrt den Talski belasten und sich auf die Innenseite des Fußes stützen muß, die Kante also richtig einsetzen im doppelten Wortsinn, um nicht abzurutschen. Das Knie macht dabei eine leichte Einwärtsbewegung bergwärts. Nun vergrößert diese Kniebewegung zwar den Winkel zwischen der Lauffläche und dem Schnee, das darf Sie aber keinesfalls daran hindern, ihr ganzes Gewicht auf diesen Ski zu verlagern.
Da gibt es einen kleinen Trick. Machen Sie einen Hüftknick, so wie das die Abbildung 48 zeigt, neigen Sie sanft den Oberkörper talwärts, daß sie mit ihm das Gleichgewicht auspendeln. Sie haben auf steilem und hartem oder vereistem Hang den richtigen Hüftknick, wenn sie merken, daß die Innenseite des Unterschenkels Ihres Talbeins gegen den Schaft des Skischuhes drückt und wenn Sie spüren, daß Ihr Oberkörper auf der Talhüfte (dem Hüftgelenk des Talbeines) aufgebaut ruht.
Achten Sie darauf, diese Bewegung nicht zu übertreiben, und kippen Sie nicht Ihren Kopf und die Schulterachse talwärts. Zwar neigt der Oberkörper durch den Hüftknick unwillkürlich dazu,

sich talwärts zu drehen. Sie sollten dennoch diese Bewegung kontrollieren und weiter in Fahrtrichtung und nicht talwärts blikken.
Ihr Oberkörper ist ja kein monolithischer Block, und Ihr Kopf und Nacken sind schließlich der Sitz der wichtigsten Reflexzentren für Ihr Gleichgewicht. Deshalb sollten Sie möglichst in normaler Haltung bleiben, um normal »reflektieren« zu können.

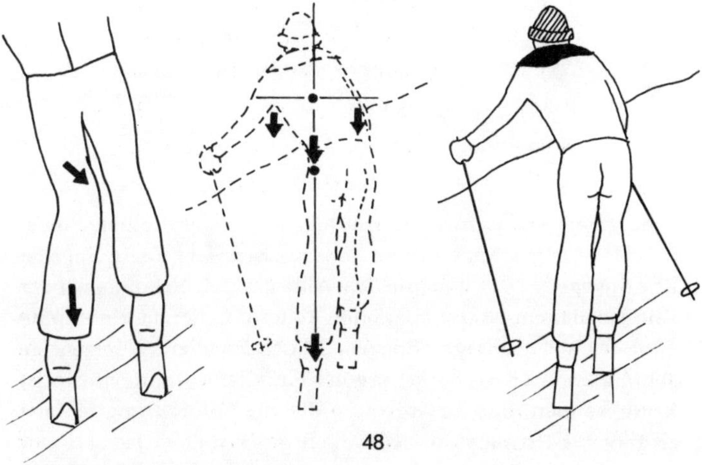

48

Nun werden Sie auf der gleichen Piste nicht nur schrägfahren, sondern natürlich auch schwingen und wedeln. Das bringt wieder Probleme mit der Zentrifugalkraft mit sich. Außerdem haben Sie fast die gleichen Probleme wie beim Schrägfahren. Auch beim Schwingen müssen Sie sich mit dem Außenski abstützen, mit der Innenseite des Fußes auf die Kante drücken, um ihr einen sicheren Halt zu geben, das Knie nach innen drücken und dadurch wieder den Winkel zwischen Lauffläche und Schnee vergrößern. Den Oberkörper müssen Sie bogenauswärts verlagern und ihn über der Innenkante des Außenski aufbauen. Sie machen also wieder einen Hüftknick, wie in der Abbildung 49 verdeutlicht.

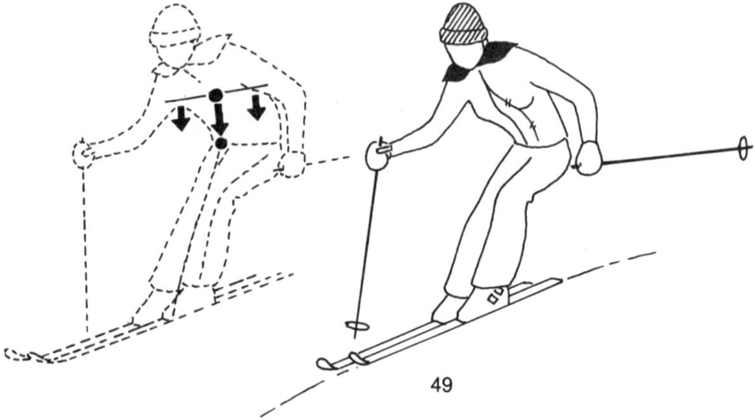

49

Schrägfahrt und Schwünge wie hier geschildert sollten Sie in möglichst enger Spur zu fahren versuchen. Die breite Spur ist keineswegs das so oft gepriesene Allheilmittel, obwohl auch der Könner manchmal in Situationen kommt, in denen eine breite Skiführung unbedingt nötig ist. Klasse-Rennläufer setzen sie ständig ein, doch das hat seine guten Gründe. Sie fahren ja (noch) keine Rennen, und außerdem ist die enge Skiführung einfach eleganter. Es ist auch gar nicht so schwierig, weil Sie ja auf harter oder vereister Piste ohnehin ihr ganzes Gewicht auf den Talski verlagert haben, den Bergski also mühelos näher zum Taldski laufen lassen können, da er zu Ihrem Gleichgewicht kaum etwas beiträgt.

Heben Sie einmal den Bergski oder zumindest sein Ende leicht an, dann merken Sie, wie sich Ihr Gleichgewicht auf dem belasteten Talski aufbaut. Wenn Sie nämlich beide Ski in der Schrägfahrt belasten, werden Sie schnell aus dem Gleichgewicht kommen.

Eine enge Skiführung empfiehlt sich auch bei den Schwüngen; nicht gerade, wenn Sie Schwung holen, dann müssen Sie die Ski schon etwas auseinander nehmen, weil das Ihnen hilft, aber schon während des Schwingens können Sie die Ski enger führen,

wie unsere Abbildung 50 Ihnen zeigt. Denn Sie bauen ja genau wie bei der Schrägfahrt Ihr Gleichgewicht ganz auf dem Außenski auf, können den Innenski also enger mitlaufen lassen.
Absolut falsch und ein schwerer Fehler wäre es, beide Ski oder – noch schlimmer! – gar den Innenski zu belasten, wie das mit Kraft fahrende Skiläufer oft tun. Sie rammen sich förmlich in die Piste. So mag es auch gehen. Ist aber die physische Kraft nicht mit einem Gefühl für elegante Bewegungen und einem ausgeprägten Gleichgewichtssinn gepaart, dann ist die Kraft unter bestimmten Umständen eher ein Hindernis als eine Hilfe. Gute Skifahrer wissen: Der Schnee ist nicht ihr Feind, sondern ihr Freund und Helfer. Darum seien Sie sparsam mit Ihren Kräften, setzen Sie nur dort Ihre Kraft ein, wo es notwendig ist, und versuchen Sie, locker und weich zu gleiten.
Das ist selbst bei Buckelpisten möglich, wenn man sie richtig angeht. Da unsere Skipisten von Jahr zu Jahr mehr Skiläufer anziehen, die moderne Skilauftechnik auch ihr gut Teil dazu beiträgt, werden unsere Hänge immer mehr abgenutzt. Sie sind oft nicht nur hart, eisig und abgefahren, sondern gleichen Mondlandschaften. Gerade diese Buckelpisten können zu gefährlichen Knochenbrechern werden, wenn man nicht weiß, wie man sie angehen soll.

50

Der Hüftknick und der richtige Kanteneinsatz, parallele Führung der Ski sind im schwierigen Gelände sehr wichtig.

Auch Buckelpisten, die oft sehr gefährlich aussehen, sind mit der richtigen Fahrweise gut zu durchlaufen, wenn man es übt.

Wer direkt in den Buckel hineinfährt, stürzt und verletzt sich in den meisten Fällen. Man muß also – wie immer – wissen, wie man so eine Buckelpiste angeht, die für den geübten Fahrer durchaus zum Vergnügen werden kann.
Sie sollten sich einige grundsätzliche Regeln für den Umgang mit einer Buckelpiste merken:

- ☐ Es ist falsch, über einen Buckel zu fahren.
- ☐ *Richtig* ist es, sich eine Spur zwischen den Buckeln zu suchen, wobei man sich das Schwingen durch den Verlauf der Spur um die Buckel herum erleichtern kann.
- ☐ Es ist *falsch,* direkt auf einen Buckel zuzufahren. Ihre Ski könnten steckenbleiben, weil sie sich in den Buckel graben. Ein Frontalsturz könnte die Folge sein und zu schmerzhaften Zerrungen oder gar Brüchen führen.
- ☐ Es ist *falsch,* mit einem Ski auf und mit dem anderen neben dem Buckel zu fahren.
- ☐ *Richtig* ist es, die Buckel zu umfahren, sich an den Flanken der Buckel abtragen zu lassen.
- ☐ *Richtig* ist es, den Stock zur Unterstützung auf den Scheitel des Buckels zu setzen.
- ☐ *Richtig* ist es, sich bei eisigen Pisten innerhalb der Buckel abfahren zu lassen. Durch den zusammengeschobenen Schnee findet man oft gute Bedingungen, um schwingen zu können.
- ☐ *Wichtig* ist es, mit ganz lockeren Knien durch die Buckel zu fahren und die Stöcke zum Abstützen einzusetzen. Holen Sie in den Buckeln Schwung mit kräftigem Beugen und Stockeinsatz, wie das Abbildung 51 zeigt.

Das alles ist richtig, aber manchmal nicht möglich. Was also tun, wenn Sie dennoch einen Buckel ansteuern müssen?

- ☐ Fahren Sie nicht zu schnell!
- ☐ Versuchen Sie, genau den Augenblick abzupassen, in dem Sie auf der Kuppe des Buckels angekommen sind, um jetzt den Bergski – der kurz darauf Ihr Außenski beim Schwung sein wird – etwas stärker zu belasten, drehen Ihr Bein leicht dabei, und schon ist das der Anfang eines langgezogenen Schwun-

51

ges. Ihr Innenski wird ohne Schwierigkeiten mitlaufen, denn Ihr Gewicht liegt auf dem Außenski. Gut ist es, wenn Sie für einen Sekundenbruchteil am Beginn der Drehbewegung des Außenski den Innenski etwas anheben.

- ☐ Nutzen Sie die Flachstellen zwischen den Buckeln, um zu bremsen und Ihre Fahrt zu verlangsamen, wenn Sie einen Buckel ansteuern müssen, damit Sie nicht mit zuviel Fahrt auf der Kuppe ankommen.
- ☐ Versuchen Sie niemals, während des Schwunges durch Ausstemmen zu bremsen! Ihr Ski, der sich zu Beginn des Schwunges spielend leicht drehen ließ, wird sich nämlich, sobald Sie über den Buckel kommen, quer stellen, und Sie werden darüber stürzen.

Wie Sie bremsen wissen Sie: durch eine Braquage mit beiden Ski, wie gelernt! Oder durch den Schneepflug, wie gelernt. Sind Sie ein Stemmspezialist geworden, dann bremsen Sie durch eine

kurze Talstemme. Denken Sie beim Bremsen mit der Braquage daran, daß zum Bremsen die Drehung in der Braquage dem folgenden Schwung entgegengesetzt sein muß.
Nun gibt es nicht nur Buckelpisten, sondern auch Bodenwellen, und viele Skifahrer setzen eine plötzlich auftauchende Bodenwelle mit einem Sturz gleich. Das muß nicht sein, wenn Sie

- ☐ sich beim Scheitel der Bodenwelle nach vorn legen,
- ☐ sich ganz auf die Bodenwelle konzentrieren,
- ☐ am Scheitel der Bodenwelle durch Vorlegen den Druck auf die Ski-Schaufeln übertragen und, solange die Ski die Bodenwelle berühren, auch in der Vorlage bleiben und erst nach Überfahren der Bodenwelle wieder in die Normalhaltung zurückkehren.

Falsch ist es, Bodenwellen mit der Normallage oder gar in der Rückenlage anzufahren. Vermeiden Sie außerdem hohe Sprünge über die Bodenwellen.
Nachdem Sie das alles wissen und hoffentlich auch können, werden auch Sie auf Tempo Skilaufen wollen. Generell ist die beste Stellung, um schnell auf der Piste im Schuß zu sein, die Ei-Form, in die sich der Fahrer hockt, weil sie aerodynamisch am günstigsten ist. Sie kennen das von Fernsehübertragungen her.
Dort haben Sie auch gesehen, daß Abfahrts- oder Slalomläufer kurz vor dem Ziel noch im sogenannten *Schlittschuhschritt* hundertstel von Sekunden zu schinden versuchen. Bei diesem Schritt wird das Gewicht abwechselnd von einem Ski auf den anderen verlagert, wobei die Ski, ähnlich wie beim Schlittschuhlaufen, schräg nach vorn gezogen werden.
Vermeiden Sie bei diesem Schritt eine starke Rücklage und verlagern Sie beim Skiwechsel das Gewicht auf den Ski, den sie nach vorn setzen. Je stärker und kräftiger die Verlagerung ist, desto stärker ist die Beschleunigung, wird Ihre Geschwindigkeit. Diese können Sie durch den Einsatz der Skistöcke parallel zum Ski noch weitersteigern.
Das *Tiefschneefahren* galt noch bis vor wenigen Jahren als sehr schwierig, heute finden es viele nur noch schwierig, weil sie im Pulverschnee durch die Bremswirkung des Schnees an den Schu-

Das Fahren im Tiefschnee muß ein Anfänger in geringem Tiefschnee sorgfältig üben. Die parallele Skiführung ist sehr wichtig.

hen und Unterschenkeln gebremst werden. Welche Technik Sie auch immer fahren, fahren Sie näher an der Fallinie, so können Sie das Bremsen des Schnees ausgleichen.
Wenn hier vom Tiefschneefahren die Rede ist, dann ist Pulverschnee bis etwa 50 Zentimeter Höhe gemeint. Alles, was darüber ist, meistern wirklich nur Tiefschnee-Meister.
Beim Tiefschneefahren sollten Sie folgende Überlegungen anstellen:

- ☐ Sind Ihre Ski für das Tiefschneefahren geeignet? Mit Ski, die eine zu starke Spannung haben, werden Sie Schwierigkeiten bekommen. Das gleiche gilt für zu steife Ski. Wann sind Ski für das Tiefschneefahren zu steif? Wenn Sie die Ski, Lauffläche gegen Lauffläche gelegt, nicht mit Daumen und zwei Fingern zusammendrücken können. Nicht plan zusammen, sondern so, daß Sie die Elastizität spüren.
- ☐ Eine zu stark gekrümmte oder zu schmale Schaufel macht den Ski gleichfalls für das Tiefschneefahren ungeeignet und zumindest schwierig.
- ☐ Schlecht ausgewogene Elastizität zwischen Vorder- und Hinterski erschwert das Tiefschneelaufen. Desgleichen zu weit vorspringende Kanten, eine konkav gewordene Lauffläche, eine zu tiefe Rille oder schlicht zu dicke Ski.

Die zweite Überlegung ist, wie laufen Sie im Tiefschnee? Auf keinen Fall in der Vorlage. Belasten Sie die Hinterenden, fahren Sie möglichst in tiefer Hockstellung, mit einem nach hinten verlagerten Schwerpunkt. Fahren Sie mit einer Schwungtechnik, die sich mit der Rücklage gut verträgt. Fahren Sie mit geschlossenen Ski und Knien, als ob Sie auf einem Ski fahren. Lösen Sie die Schwünge sanft und langsam aus. Die Spur, die sich hinter Ihnen zeigt, muß einer Girlande gleichen, vollkommen sein und so eng wie nur möglich. Tiefschneefahrer, die man beobachtet, müssen aussehen, als fahren sie in Zeitlupe.
Achten Sie in jedem Fall darauf, daß Ihr Außenbein nicht steif ist. Das kann geschehen, wenn Sie den Körper zu stark drehen (Abbildung 52a), den Außenski zu stark quer stellen (Abb. 52b) oder den Innenski belasten (Abb. 52c). Sie müssen das Außenbein

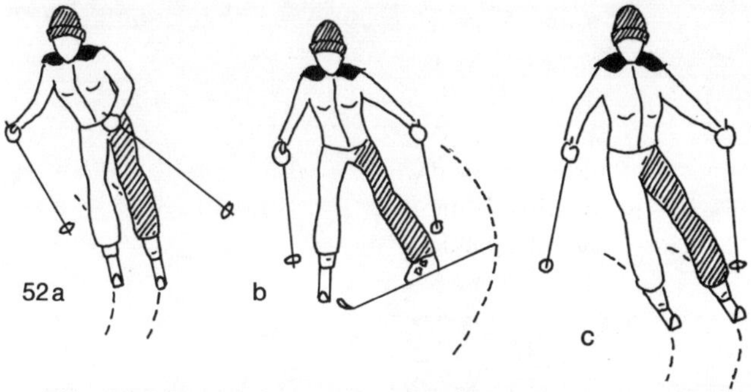

elastisch beugen, gewissermaßen während des Schwunges »draufsitzen«, um den Druck abzufangen, den Sie nach der Entlastung auf Ihren Ski ausüben.

In mehr als 50 Zentimeter Tiefschnee sollten Sie nicht gehen, überlassen Sie das Tiefschnee-Experten, die haben jahrelang geübt, um dort scheinbar mühelos perfekt laufen zu können.

Noch ein paar eigentlich selbstverständliche Tips für Tiefschneefahrer – die Tatsache, daß immer wieder gegen sie verstoßen wird, beweist die Berechtigung, sie hier zu erwähnen:

☐ Beachten Sie die Lawinenberichte und Warntafeln.
☐ Meiden Sie lawinengefährdete Hänge.
☐ Seien Sie bei leicht verharschter Schneedecke besonders vorsichtig. Die Verletzungsgefahr ist besonders groß. Es kann bei ungeübten Tiefschneefahrern zu Brüchen führen.

Und nun viel Spaß im Tiefschnee!

Kommen wir zu einer weiteren Fahrweise, die sich in den letzten Jahren immer größerer Beliebtheit erfreut: das Jetten. Dank der höher gewordenen Skischuhe, die sowohl eine extreme Vor- als auch Rücklage erlauben, können auch Sie das Jetten nun – sind Sie im Skilauf so weit gekommen – versuchen, diesen »Zauberstil« für das Tiefschneefahren, der so spielerisch aussieht.

Beim Jetten müssen Sie in eine extreme Rückenlage gehen. Gut ist es, wenn Ihre Skischuhe sehr hoch sind und sogenannte Spoiler haben, das heißt unten am Unterschenkel stark noch oben ge-

Das berühmte »Jetten« ist nur in extremer Rückenlage und mit entsprechend hohen Skischuhen möglich. Die Skienden führen.

zogen sind. Klar, daß Ihre Stiefel eng sitzen müssen, wie schon eingangs bei den Einkaufstips erläutert.
Sie fahren also in dieser extremen Rücklage in einer fast sitzenden Haltung, bei der nun der Schwerpunkt ziemlich weit hinten liegt. Die Skienden führen den Ski, und die Skispitzen sind leicht angehoben. Jede Drehung der Ski erfolgt über die Skienden. Führen Sie Ihre Ski nicht so eng wie beim normalen Tiefschneefahren. Das ist im Prinzip schon alles, liest sich allerdings leichter, als es wirklich ist, denn auch das Jetten will geübt und gelernt sein.

Lektion 9

Kleiner Katalog »großer« Fehler, die nicht nur von Anfängern immer wieder gemacht werden

Irren ist menschlich, sagt ein altes Sprichwort, und kein Mensch ist ohne Fehler, auch nicht beim Skifahren. Alle Anfänger machen Fehler, viele Fortgeschrittene laufen immer noch mit ihren Fehlern. Fehlern, die man selbst häufig nicht bemerkt, die einen daran hindern, Fortschritte zu machen, und beim Skilauf verunsichern.

Das ist weiter nicht tragisch, wenn man sich darum bemüht, seine Fehler zu erkennen und abzustellen. Dazu soll diese Lektion beitragen, in der wir eine Reihe von »klassischen« Fehlern skizziert haben, wie sie immer wieder beim Skilauf beobachtet werden können.

Nun können Sie selbst natürlich diese Fehler – sollten Sie einen oder mehrere davon machen – kaum bemerken, denn Sie sind ja mit dem Skilaufen beschäftigt. Darum haben wir von den am häufigsten zu beobachtenden Fehlern diese Abbildungen zeichnen lassen.

Geben Sie nun das Buch Ihrer Freundin, oder Ihrem Freund zu lesen und lassen Sie sich beim Skilauf daraufhin beobachten, ob und welchen Fehler Sie machen, damit Sie ihn später abstellen können.

Aber schauen auch Sie sich den Fehlerkatalog genau an und versuchen Sie herauszufinden, ob Sie sich selbst bei einem der skizzierten Fehler »erwischen«. Wenn das der Fall sein sollte, korrigieren sie ihn.

Das ist ein Fehler, der am häufigsten gemacht wird: Es ist falsch, auf die Skispitzen zu blicken, weil der Nacken sich verkrampft und die Gefahr einer zu großen Vorlage gefördert wird. Suchen Sie sich einen Bezugspunkt 100 oder 200 Meter im Gelände. Das ist besser für Ihr Gleichgewicht (Abb. 53).

53

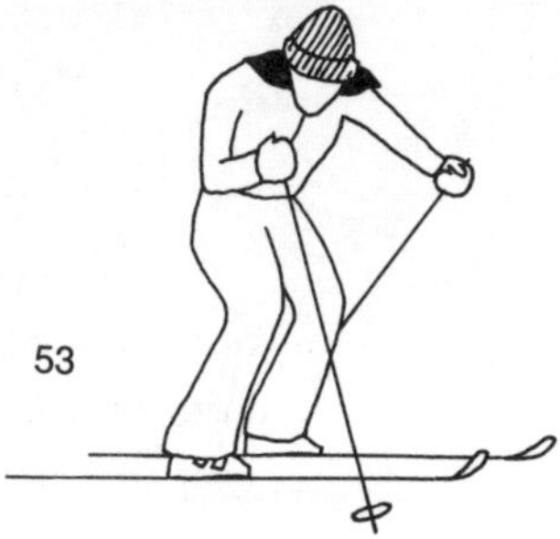

Viele Skifahrer gewöhnen sich schlechte Haltungen an. Sie stehen entweder zu aufrecht (Abb. 54a) oder generell zu tief gebeugt (Abb. 54b). Dadurch werden alle ihre Bewegungen negativ beeinflußt. Auch die ständige Rücklage ist ein Fehler. Alle diese Haltungsfehler gefährden das Gleichgewicht.

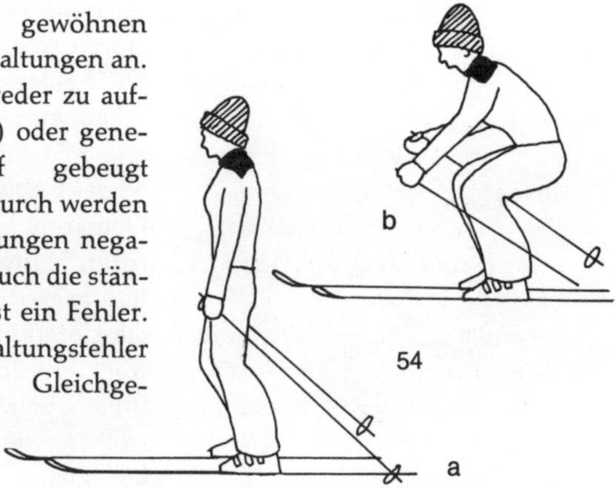

54

Gleichfalls ein Fehler, der das Gleichgewicht gefährdet und zu schlimmen Stürzen führen kann, ist ein vorgekippter, pendelnder Oberkörper. Das kann zu Verkrampfungen führen. Nehmen Sie die Hände auf Brusthöhe, das stabilisiert den Oberkörper (Abb. 55).

55

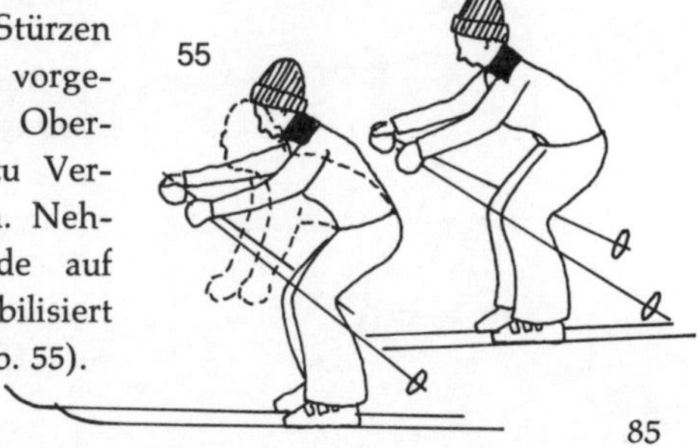

56

Ein Fehler, der zwar nicht allzu schlimm ist, dennoch aber abgestellt werden muß, ist das zu starke Hinausstrecken des Gesäßes. Ihre Kanten greifen schlechter. Wenn Sie viel Ski fahren, werden Sie außerdem Kreuzschmerzen bekommen (Abb. 56).

57

Ein hohles oder steifes Kreuz stören sehr beim Skilaufen. Der Fehler ist nicht leicht zu erkennen. Eine zu senkrechte Haltung und eine gewisse Unbeweglichkeit des Oberkörpers sind Symptome dafür. Sie nehmen die Schultern zu weit zurück, strecken die Unterarme zu stark seitwärts. Arme vorstrecken, Brust einziehen, Rücken wölben, um den Fehler zu korrigieren (Abb. 57).

58

Das zu stark gekippte Becken verringert die Wirkung Ihres Kanteneinsatzes. Ihre verbogene Wirbelsäule ist für einen starken Druck auf die Ski in falscher Position, Sie können die Ski nicht sicher führen (Abb. 58).

Wenn Sie die Hüftgelenke zu stark beugen, zwingen Sie sich selbst in eine zu starke Vorlage, die Kontrolle und Führung Ihrer Ski werden erschwert. Wahrscheinlich belasten Sie auch den Vorderfuß stärker und entlasten die Ferse, um ein besseres Gefühl für den Ski zu bekommen. Sie werden auf glatten Pisten Schwierigkeiten bekommen (Abb. 59).

59

Wenn Sie mit »eingezogenem Gesäß« fahren, ist das genauso falsch wie mit zu weit herausgestrecktem. Ist Ihr Gesäß eingezogen, können sie die Knie nicht beugen, ohne sie zu weit vorzuschieben. Das führt zu einem überstarken Beugen der Sprunggelenke und zu starker Vorlage (Abb. 60).

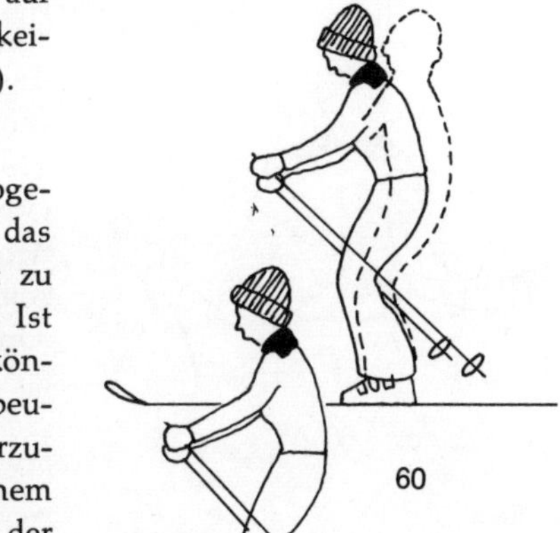

60

Hüten Sie sich vor der Rotation, mit der man Schwünge in manchen Skischulen lernt. Sie führt gleichfalls zu zu starker Vorlage. Fahren Sie mit offenen Ski und Kanteneinsatz, um diesen Fehler zu bekämpfen. Wedeln Sie (Abb. 61).

61

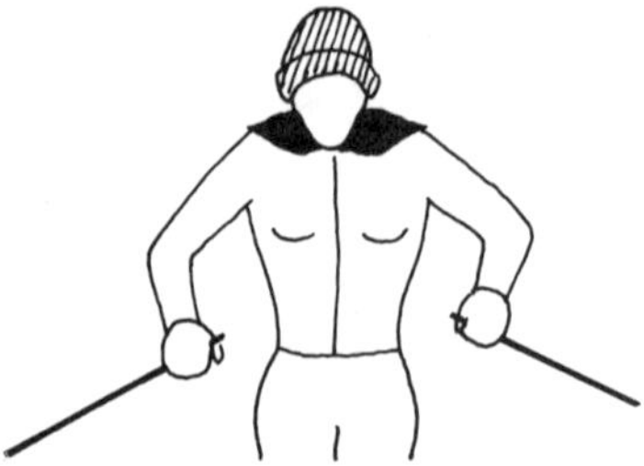

62

Hüten Sie sich davor, gewisse Armbewegungen zu übertreiben. Nutzlose Armbewegungen schaden Ihrem Lauf nur. Arbeiten Sie dem mit vernünftigem Stockeinsatz entgegen. Drücken Sie die Ellbogen nicht zu stark nach außen (Abb. 62).

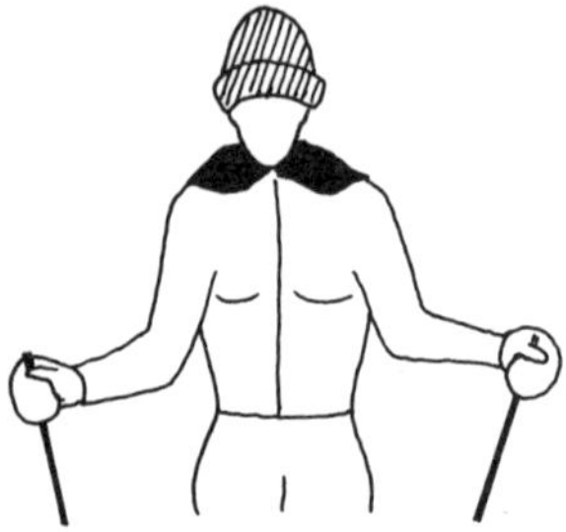

63

Auch das zu starke Anpressen der Ellenbogen ist ein Fehler, der Sie am richtigen Stockeinsatz hindert (Abb. 63). Die korrekte Armhaltung sehen Sie in der Abbildung 64. Die schlechte Armhaltung oder nutzlose Bewegungen haben ihre Ursachen oft in einer falschen Haltung oder falschen Bewegung des Oberkörpers, die Sie so zu kompensieren versuchen. Skifahrer, die den Rücken zu steif, hohl oder flach halten, neigen zu solchen »Armkorrekturen« ihrer falschen Haltung. Sie nützen allerdings nichts. Achten Sie von vornherein auf eine korrekte Armhaltung, auf sinnvolle Führung und Einsatz Ihrer Skistöcke. Das ergibt auch automatisch einen eleganteren Fahrstil.

64

Weitausladende Bewegungen mit den Armen machen Skifahrer, die ihr Becken zu stark bewegen. Sie versuchen die dadurch entstehende Haltung- und Gleichgewichtsunsicherheit durch diese unmotivierten Gestikulationen auszugleichen (Abb. 65).

65

Auch unmotivierte Oberkörperbewegungen wie in den Abbildungen 66 und 67 sind grobe Fehler. Meist versuchen Anfänger mit diesen nutzlosen Oberkörperbewegungen Fehler auszugleichen, die sie mit ihren Füßen in der Skiführung machen. Doch das geht nicht. Konzentrieren Sie sich auf Ihre Füße, Knie und Beine, die allein Ihre Ski führen, und unterstützen Sie die Arbeit Ihrer Füße durch die richtige Körperhaltung und gezielten Stockeinsatz. Sinnlose Oberkörperbewegungen schaden Ihrer Beinarbeit, können zu Stürzen führen, weil Sie das Gleichgewicht nicht kontrollieren können.

66

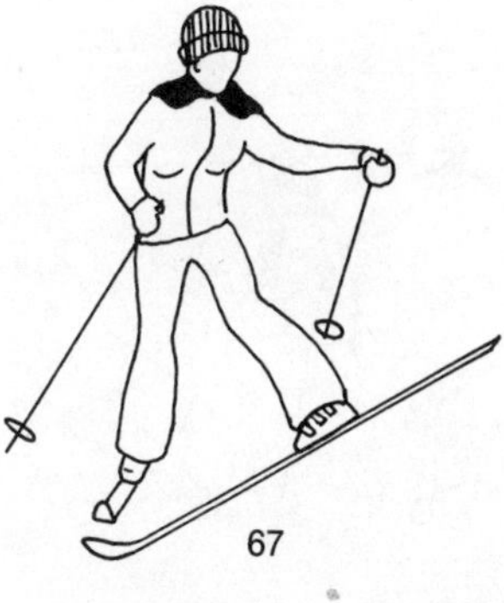

67

68

Skifahrer, die befürchten, am Hang den Halt zu verlieren, abzurutschen, neigen dazu, sich in den Hang zu legen. Das ist falsch. Lassen Sie den Talski greifen, um Halt zu finden, drücken Sie das Knie bergwärts, achten Sie auf den richtigen Hüftknick. Wenn Ihre Kanten in Ordnung sind, rutschen Sie schon nicht ab (Abb. 68).

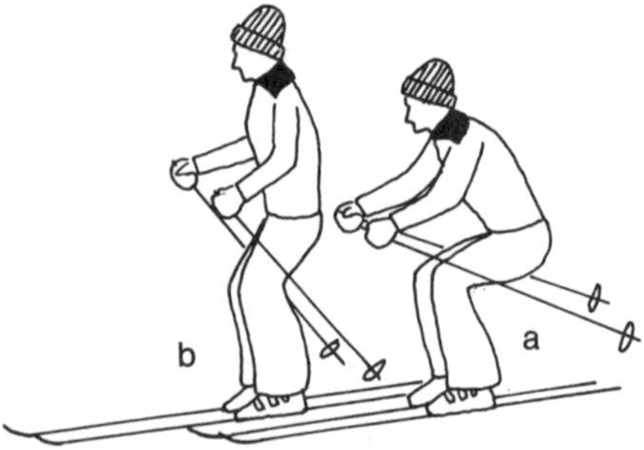

69

Hüten Sie sich vor übertriebenem »Hintensitzen« (Abb. 69a) oder zu starker Rücklage des Oberkörpers (Abb. 69b). Wer das tut, macht noch andere Fehler. Er fährt oft in zu breiter Spur, verkrampft, zu unelegant, nicht locker und gelöst und »steht« nicht richtig in den Schuhen, kontrolliert nicht mit dem ganzen Fuß den Ski.

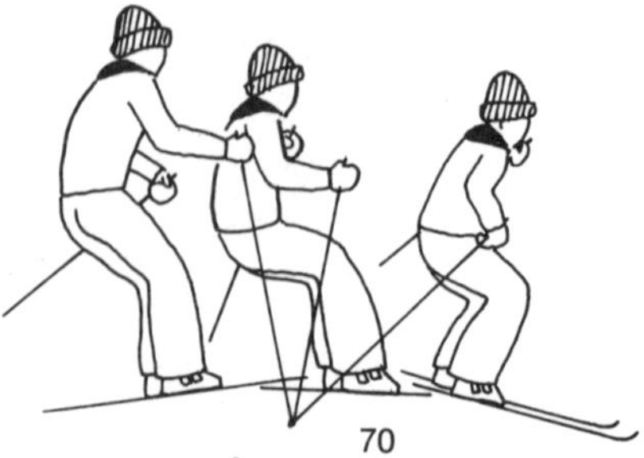

70

Hüten Sie sich vor der Jetbewegung »in der Zeitlupe«. Das ist ein ganz großer Fehler, der böse Folgen haben kann. Wenn Sie sich nicht trauen, mit Tempo zu jetten, lassen Sie es besser ganz (Abb. 70).

Drei Fehler, die im Pflugbogen immer wieder gemacht werden, zeigen die Abbildungen 71, 72, 73. Beim zu starken Bremspflug (Abb. 71) stellen Sie die Ski zu weit auseinander, dadurch stellen Sie die Ski von einem bestimmten Winkel an zu stark auf die Innenkanten. Wenn Sie den Innenski nun heranziehen, bleibt er mit der Kante im Schnee hängen. Beim zu breiten Pflug (Abb. 72) versucht man meist das Gesäß über den Außenski zu bringen, weil man irrtümlich glaubt, ihn dadurch stärker zu belasten. Dabei strecken Sie das Innenbein und bleiben mit der Kante gleichfalls im Schnee hängen, wenn Sie ihn heranziehen. Weil Sie den richtigen Moment, um vom Pflug in die breite Spur zu kommen, noch nicht gefunden haben, belasten Sie den Talski zu stark (Abb. 73) und können ihn nicht leicht drehen. Nach der Fallinie ist der Außenski der Talski, Sie strecken das Innenbein zu stark und können ihn nicht parallel führen; er kantet zu stark.

71

72

73

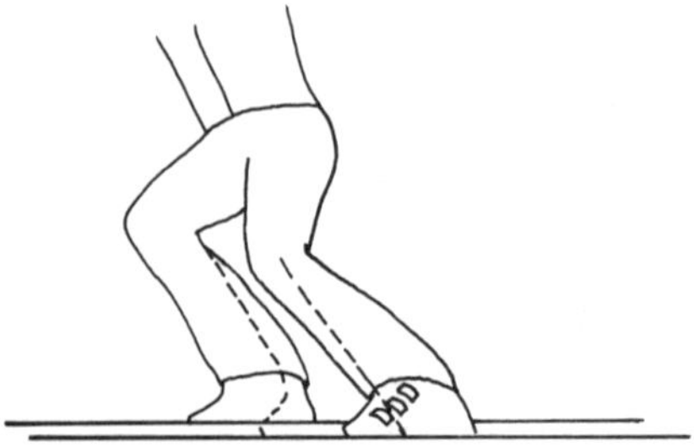

74

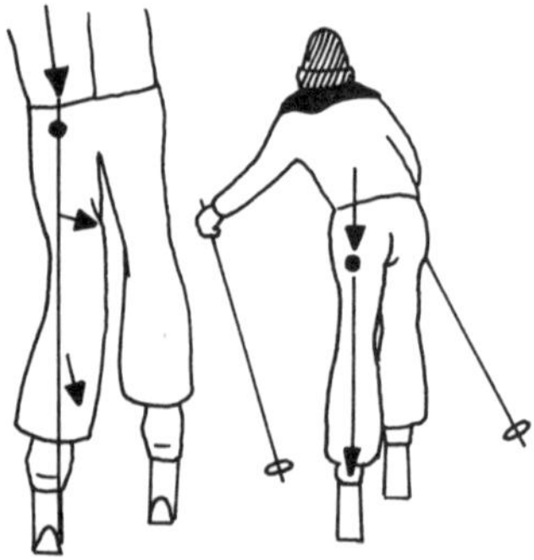

75

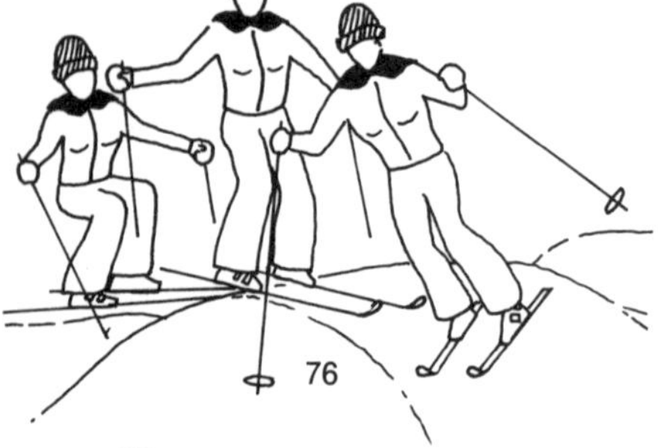

76

Sie haben die Füße nach vorn und hinten zu weit geöffnet, ein Fehler, den sie noch verstärken, weil das hintere Sprunggelenk zu stark gebeugt wird. Dadurch wird Ihr Gleichgewicht und der Griff der Kanten empfindlich gestört. Korrektur: Ziehen Sie den hinteren Fuß vor (den Talski), und Sie kommen wieder in ein ausgewogenes Gleichgewicht. Das ist ziemlich schwierig! (Abb. 74).

Nur durch richtigen Kanteneinsatz können Sie Ihren Halt finden. Bei der Schrägfahrt muß der Talski, im Schwung der Außenski eingesetzt werden. Der Ski wird vom jeweiligen Fuß gehalten und dem Unterschenkel, der gegen den Schuhschaft drückt. Knie nach innen drücken, damit Ihr Gewicht auf der Außenkante lastet (Abb. 75).

Von einer gewissen Geschwindigkeit an führt das Strecken auf dem Buckel zum »Absprung«. So vermeiden Sie es: vor dem Buckel hokken und das Strecken durch ein Beugen ersetzen (Abb. 76).

Lektion 10

Kurzski für Anfänger – Seine Vor- und Nachteile – Wie man Kinder das Skilaufen lehrt und wie sie es lernen sollten – Ausrüstung – Kinder sollten in der Skischule anfangen

Seit einiger Zeit bietet die Skiindustrie Kurzski für Anfänger an, weil ihnen mit dem Miniski das Erlernen des Skilaufs leichter gemacht wird. Diese Methode kann man praktisch nur in Ski-Schulen lernen, weil der Anfänger von 65 bis 70 Zentimeter langen Ski im Laufe des Kursus auf 100 Zentimeter lange Ski umsteigt und dann weiter über immer längere Ski, bis er die auf ihn passende Skilänge gefunden hat.

Der nur 65 bis 70 Zentimeter lange Ski ist im Grunde genommen nichts weiter, als eine »verlängerte Schuhsohle, auf der der Anfänger die Anfangsgründe des Skilaufens lernt. Diese extrem kurzen Ski haben den Vorteil, daß der Anfänger sie sehr leicht führen kann. Er kann mit ihnen auch jederzeit halten, wenn er sie querstellt, also eine Braquage macht. Das Drehen dieser Ski fällt leichter. Außerdem ist bei Stürzen die Gefahr von Verletzungen für den Anfänger geringer, das Aufstehen fällt ihm leichter, weil er die kurzen Ski besser nebeneinander setzen kann. Da die kurzen Ski erheblich weniger Drehwiderstand bieten, sind sie auch leichter zu schwingen und verlangen beim Kurzschwingen weniger Krafteinsatz.

Der Anfänger kommt mit diesen leicht zu manövrierenden Ski schneller zu einer sicheren Beherrschung der Bretter. Ihr geringes Gewicht verhindert vorzeitige Ermüdungserscheinungen.

Das tägliche Übungspensum am Hang kann also größer sein, als wenn man mit normalen Ski beginnt.
Eine gute Sache für den, der über diese Methode in der Skischule das Skifahren erlernen will und der in wenigen Tagen ständig die Skilängen – je nach Fortschritt – wechseln muß, bis er seine endgültige Skilänge gefunden hat.
Problematisch wird es für jemand, der sich auf Kurzski das Skifahren nach der von mir geschilderten Methode selbst beibringen will. Da er sich wohl kaum drei bis vier Paar Ski kaufen wird, bis er sich zu seinen endgültigen Brettern »durchgelaufen« hat, wird er also meist von den Kurzski direkt auf seine endgültige Länge umsteigen. Und das bringt Schwierigkeiten mit sich, weil die Zwischenschritte, sprich: Zwischengrößen, fehlen und mit ihnen die langsame Gewöhnung an die endgültige Länge und das endgültige Gewicht der Ski. Wer für sich allein Skilaufen lernen will, sollte also nicht mit der Miniausgabe, den Kurzski, anfangen, sondern bei 160 Zentimer langen Ski beginnen. Damit kann man das ganze hier skizzierte Programm absolvieren.
Auch für Kinder gibt es inzwischen Kinder-Kurzski, ich würde dennoch zu der Kinder-Normallänge raten. Denn wenn drei- bis vierjährige Kinder schon mit dem Skilauf beginnen – und das können sie getrost –, sind die Ski sowieso sehr kurz.
Es ist durchaus zweckmäßig, Kinder schon früh an das Skilaufen zu gewöhnen. Doch sollte man bei Kindern keinen »Schulbetrieb« aufziehen, sondern ihnen das Skifahren über ihren Spieltrieb beibringen. Der Spaß am Skilaufen muß im Vordergrund stehen. Kinder, die die Freude am Erlernen des Skilaufens verlieren, weil man sie ihnen nimmt, lernen zumindest schlecht, oder stecken ganz auf.
Grundsätzlich sollten Sie mit Kindern nur bei gutem Wetter auf die Piste gehen, sie immer warm anziehen und sanfte Hänge aussuchen. Sinnlos ist es, den Kindern das »Fahren wie Erwachsene« beibringen zu wollen. Kinder fahren nach sehr kurzer Zeit instinktiv eine gewisse »Allround-Technik«, mit der sie meist wunderbar zurechtkommen. Da sie noch einen völlig unverbildeten Gleichgewichtssinn haben, aus Instinkt das Richtige tun, beim

Sturz keine Angst haben, weil sie leichter und weicher fallen, sollte man sie möglichst in ihrer Art gewähren lassen und nur grobe Fehler korrigieren.
Sie werden beobachten, daß die meisten Kinder in breiter Spur, mit dem Oberkörper in schöner Mittellage fahren und sich wenig darum kümmern, ob sie eine Braquage machen – von der sie nichts wissen – oder stemmen. Sie machen meist beides zugleich und kommen prima damit zurecht. Und – sie lernen erstaunlich schnell.
Können Ihre Kinder schon etwas fahren, so daß sie die flachen Hänge verlassen können, nehmen Sie sie beim Aufstieg mit dem Lift zwischen Ihre Beine. Manche Wintersportbetriebe haben spezielle Kinderlifte. Dann lassen Sie es die Kinder dort versuchen. Auch wenn sie mal aus dem Lift purzeln. Das ist da nicht gefährlich, und sie lernen das richtige Verhalten beim Liftfahren sehr schnell.
Beginnen sollten Ihre Kinder mit dem Schneepflug und dann dem Gleitpflug, dem Umtreten und Anhalten durch Bremspflug, später Braquage, so wie auch Sie als Anfänger es lernten. Und Sie werden staunen, wie schnell die lieben Kleinen, fühlen sie sich erst etwas heimisch auf den Brettern, zur Schußfahrt übergehen und sie auch meist sicher durchstehen.
Noch ein Wort zur Ausrüstung. Kaufen Sie keine Ski »auf Zuwachs«. Die Bretter müssen passen, genau wie die Schuhe, die Sie sorgfältig für das Kind aussuchen sollten. Kindersicherheitsbindungen gibt es von verschiedenen Markenfirmen. Kaufen Sie unbedingt eine Sicherheits- und nicht eine Allerweltskinderbindung. Das ist für die Gesundheit Ihres Kindes von großer Wichtigkeit und für Sie eine Beruhigung, wenn Sie erst einmal sehen, wie Ihr Kind Ski läuft – nämlich hemmungsloser und schneller als Sie als Anfänger. Denn Kinder lassen sich schon mal fallen, wenn sie merken, daß sie anders nicht bremsen können. Sie kennen da nicht die Scham der Erwachsenen.
Kaufen Sie Ihrem Kind einen Sturzhelm. Erstens wird es ihn gern und stolz tragen, und zweitens schützt er gegen mögliche Kopfverletzungen bei Stürzen.

Im übrigen empfehle ich bei Kindern – im Gegensatz zu Erwachsenen – für den Lernbeginn eine Skischule. Erstens sind Skilehrer für Kinder wirkliche bessere Pädagogen als die Eltern, und zweitens lernt das Kind – angespornt durch den Wettbewerb mit Gleichaltrigen – besser. Später dann können Sie die weitere Ausbildung Ihres Kindes in eigener Regie übernehmen. Immer vorausgesetzt, Sie selbst sind ein relativ guter Läufer.

Lektion 11

Skiwandern, die ideale Bewegungstherapie – Der Freizeitsport für die ganze Familie – Die richtige Ausrüstung – Die Technik des Skilanglaufs – 10 Goldene Regeln für Skilangläufer

Ausnahmsweise sind sich Mediziner – Sportmediziner – hier einmal einig: »Skiwandern erhält jung, gesund und macht leistungsfähiger, wenn man es nicht übertreibt und sich nicht zuviel zumutet!« Skiwandern – sportlich auch als Skilanglauf (und dann mit Tempo) – bekannt, ist ein gesunder Sport für alle Altersklassen, ein Freizeitvergnügen für die ganze Familie, bei dem man die Anforderungen an das schwächste Glied der Kette anpassen kann und sollte. Nun hört man oft: »Wer wandern kann, kann auch Skiwandern!«, doch ganz so simpel ist das nicht. Wir kommen noch darauf zurück.

Noch einmal zurück zur medizinischen Seite. Skiwandern, der ideale Freizeitsport, übt sehr günstige Wirkung auf den gesamten Organismus aus, verbessert und stärkt die Leistungsfähigkeit von Herz, Kreislauf, Atmung und Stoffwechsel. Skiwandern beugt den chronischen Gefahren eines Bewegungsmangels vor – Herzinfarkt z. B. –, und das Erleben der Natur (und der eigenen Leistung) harmonisiert das vegetative Nervensystem und ist gut für das seelische Gleichgewicht.

Hinzu kommt, daß das Skiwandern durch die gute Dosierbarkeit der Belastung – jeder braucht sich nur soviel zuzumuten wie er mag – auch ein gutes Aufbautraining für bereits in ihrer Gesundheit geschädigte oder gefährdete Menschen bildet. Viele Kurkliniken oder Erholungszentren verschreiben ihren Patienten gera-

dezu das Skiwandern als aktive Bewegungstherapie. Also, auch wer nicht so ganz auf dem Damm ist, kann in vernünftigen Grenzen Skiwandern.
Was muß man nun beachten, wenn man sich dem Skiwandern, dem Skilanglauf zuwenden will? Es beginnt wie immer mit der richtigen Ausrüstung. Denn nur mit der richtigen Ausrüstung haben Sie an diesem herrlichen Sport auch Ihre Freude. Und dabei ist es schön zu wissen, daß eine gute Langlaufausrüstung weit weniger kostet als eine komplette Ausrüstung für den alpinen Skiläufer. Zum leichten und lockeren Laufstil des Skiwanderns oder Skilanglaufens gehört auch eine leichte Ausrüstung. Wer sie nicht gleich kaufen will, weil er das Skiwandern erst einmal erproben möchte, findet Sportgeschäfte, die Langlaufausrüstungen verleihen. Was braucht man also alles?

Kleidung

So wie sich der alpine Skilauf mit seiner vorwiegend statischen Belastung vom Skilanglauf mit seinen dynamischen Bewegungsabläufen unterscheidet, so unterscheidet sich auch die Kleidung des Skilangläufers oder Skiwanderers von der des alpinen Läufers. Skiwanderer kommen leicht ins Schwitzen, müssen nicht an Liften warten und frieren, brauchen darum keine wärmende, sondern eine zweckmäßig schützende Kleidung. Völlig falsch wären die üblichen Anoraks, weil sie luftundurchlässig sind. Sie könnten beim Läufer zu einem Hitzestau führen, was seinen Spaß und seine Leistung mindern würde. Zweckmäßig für den Skilangläufer ist darum luftdurchlässige Kleidung.
Es gibt gute, nicht teure Langlaufanzüge, die verblüffend leicht sind. Darunter sollte man – je nach Temperatur – mehrere schweißsaugende Unterhemden tragen. Beliebt sind bei Langläufern wegen ihrer optimalen Hautatmung Netzunterhemden und dünne Pullover als Abschluß unter dem Langlaufanzug.
Den Strümpfen sollten Sie Ihre besondere Aufmerksamkeit widmen. Auf jeden Fall empfiehlt es sich, unter den grob gestrickten Kniestrümpfen oder Socken dünne Baumwollsocken zu tragen, damit Sie sich keine Blasen scheuern am groben Wollstrumpf.

Den Skilanglauf kann man auch in fortgeschrittenem Alter noch erlernen und mit viel Spaß jahrelang betreiben.

Schließlich kommen wir zu den *Langlaufschuhen,* heute von den Markenfirmen durchwegs in guter Qualität und zu akzeptablen Preisen angeboten. Schenken Sie der Wahl Ihres Schuhes besondere Aufmerksamkeit, denn in ihm laufen Sie, und er stellt über die Langlaufbindung die Verbindung zu Ihrem Ski dar. Der Schuh muß, obwohl er bequem sein soll, ganz genau passen. Ist er nämlich zu weit, muß zwangsläufig Ihre Skiführung schlechter werden, was Ihnen den Spaß am Langlauf oder Skiwandern verdirbt.

Die Schuhe gibt es in verschieden hohen Ausführungen. Lassen Sie sich von erfahrenen Freunden oder dem Fachverkäufer beraten. Grundsätzlich sind:

- ☐ ganz flach geschnittene Schuhe für Rennläufer,
- ☐ etwas höhere, bis zum Knöchel gehende Schuhe für Skitouren, den Langlauf also und für das Training und
- ☐ höhere Modelle, die über den Knöchel gehen, für Skiwanderer.

Denken Sie bei sehr weichem Oberleder der Schuhe daran, daß es sich dehnt, kaufen Sie sie darum sehr eng.

Langlaufski

Für den Skilangläufer und Skiwanderer, der sich diesem schönen Sport zuwendet, empfehlen sich die modernen No-Wax-Ski, Ski also, die man nicht zu wachsen braucht, weil ihre Lauffläche entsprechend präpariert ist. Die Skiindustrie hat hier Hervorragendes geleistet. Wer später auf einen Wachsski umsteigen will, kann das immer noch tun. Doch für den Anfang empfehle ich den No-Wax-Ski, weil es mit ihm auch bei schwierigen Schneeverhältnissen keine Probleme gibt.

Drei verschiedene Modelle haben sich bisher unter den No-Wax-Ski herauskristallisiert:

- ☐ *Der Schuppenski,* der einen tannenzapfenähnlichen Belag oder Schuppen in anderer Form aufweist. Die Schuppen sind erhaben und sollen das Zurückrutschen des Ski verhindern (Abb. 77).

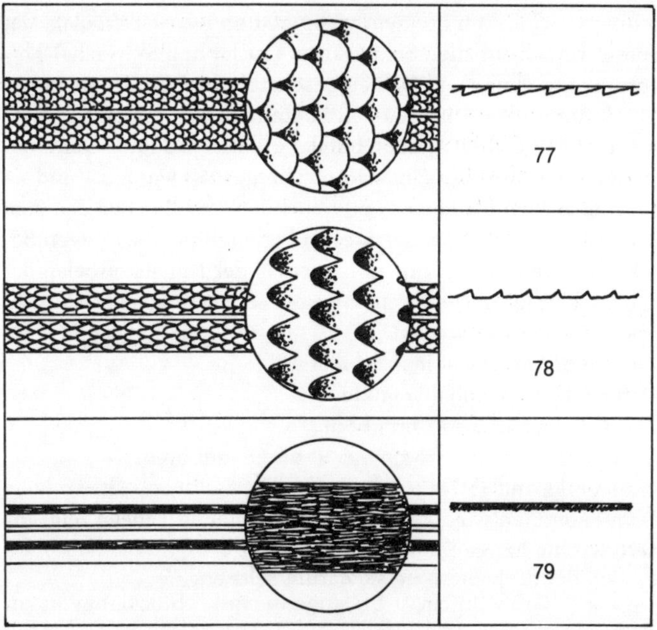

77

78

79

- ☐ *Der Schuppenski mit tieferliegenden Schuppen,* der eine Variation des Schuppenski ist. Die Schuppen oder ähnliche Vertiefungen sind in den Ski hineingefräst. Die Wirkung ist die gleiche wie beim Schuppenski (Abb. 78).
- ☐ *Der Fellstreifenski,* der zum Verhindern des Zurückrutschens in der Laufsohle links und rechts von der Laufrille in einer eingefrästen Vertiefung zwei etwa ein Meter lange Fellstreifen eingelegt hat. Er funktioniert nach dem Prinzip der Steigfelle. Nach vorn gleitet der Ski beim Laufen. Beim Abdrücken richtet sichten sich die Fellhaare auf und verhindern eine Zurückgleitung des Ski (Abb. 79).

Daneben gibt es noch viele andere Langlaufski mit No-Wax- und Antizurückgleitsystemen. So den *Stufenski,* in dessen Lauffläche große oder kleine Stufen sind, den *Ellipsenski* mit ellipsenförmigen Einfräsungen. Vielversprechend aber ist – ich habe ihn ausprobiert – ein Ski mit einem völlig glatten Kunststoffbelag, der aber dennoch auf allen Schneearten (auch ohne Skiwachs) hervorragende Steig- und Gleiteigenschaften hat. Er ist nur in der Skimitte auf etwa 80 bis 100 Zentimetern mit diesem Belag versehen und ist wohl das System mit der größten Zukunft. Denn obwohl immer noch Langlauf-Holzski hergestellt werden – und sie sind sogar ziemlich teuer –, geht auch hier der Zug der Zeit zum Kunststoffski, der pflegeleichter und unempfindlicher gegen Beschädigungen ist. Außerdem ist gerade der Kunststoffbelag der Laufflächen für unsere Breiten wegen seiner Strapazierfähigkeit bestens geeignet.

Welche *Skibreite* soll man wählen?

Dafür folgende Anhaltspunkte:

Rennski sind 45 bis 47 mm breit.

Universal- und Tourenski sind 50 bis 55 mm breit.

Wanderski sind 55 bis 65 mm breit.

Damit kommen wir zur *Skilänge*. Die folgende Tabelle zeigt Ihnen, welche Länge Sie wählen sollten.

	Größe in cm	Skilänge in cm	Stocklänge in cm
Herren	155	195	120
	160	200	125
	165	205	130
	170	210	135
	175	210	140
	180	210	145
	185	215	150
	190	220	155
Damen	145	185	110
	150	185	115
	155	190	120
	160	190	125
	165	195	130
	170	200	135
	175	205	140

	Größe in cm	Skilänge in cm	Stocklänge in cm
Kinder	104	120	Kinder unter 122 cm Größe
	110	130	sollten noch keine
	117	140	Skistöcke benutzen
	123	150	90
	128	160	95
	134	170	100
	139	180	105
	144	185	105
	148	190	110
	155	195	115
	161	195	120
	167	200	125

Bei Zwischengrößen sollten Anfänger den kürzeren Ski wählen. Hüten Sie sich davor, Rennski zu kaufen, nur weil sie so prachtvoll und schnittig aussehen. Se werden mit den schmalen Ski nicht zurechtkommen, den Ski nicht gut führen können. Außerdem sind die leichten Rennski weitaus empfindlicher als die Universal- und Wanderski.

Unabhängig von der Tabelle sollten Sie beim Einkauf von Skistöcken noch folgende Regel beachten:

☐ Wenn Sie mit den flachen Skilanglaufschuhen auf ebenem Boden stehen, muß der Stock bei seitlich ausgestrecktem Arm genau unter Ihre Achselhöhle passen (Abb. 80). Aus welchem Material Sie die Skistöcke wählen, hängt von Ihrem Geschmack und nicht zuletzt auch von Ihrem Geldbeutel ab.

80

Die Langlaufbindung

Von der Langlaufbindung werden Sie überrascht sein, wenn Sie die Sicherheitsbindungen für alpine Skiläufer im Gedächtnis haben. Sie ist äußerst simpel. Welche Bindung Sie wählen, ist gleichgültig; Hauptsache ist, daß sie mit Ihrem Schuh genau in die Bindung kommen, daß er den optimalen Halt findet, denn Sie führen den Ski ja nur mit der Schuhspitze. Ihre Ferse bleibt frei, damit sie sich im Rhythmus des Laufes heben und senken und den Ski schieben, zum Gleiten bringen kann.

Es gibt durch die »Nordic-Norm« drei Bindungsgrößen für Schuhe von der Schuhnummer 28 bis 47. Haben Sie eine ungewöhnlich breite Schuhgröße, gibt es eine extrabreite Bindung. Die meisten Langlaufschuhe haben inzwischen in der Spitze drei Löcher für die Zapfen der Bindung. Haben die Schuhe, die Sie sich ausgesucht haben, diese Löcher nicht, kaufen Sie andere mit Löchern. Komplett ist eine Langlauf-Skibindung nur mit der an der richtigen Stelle montierten Absatzplatte, die die Bildung von Schneestollen unter dem Schuh und das seitliche Verrutschen des Schuhs auf der glatten Skioberfläche verhindert.

Für den Tourenski, mit dem man eventuell auch Abfahrten auf Pisten oder Schwingen auf den Lauglaufloipen bewerkstelligen muß, gibt es Zusatzbindungen für die Ferse, die einrasten, wenn der Schuh flach auf dem Ski steht. Dann sind Sie mit dem Ski fester verbunden, können besser abfahren oder schwingen. Doch Anfängern empfehle ich, mit normalen Langlaufski in der Loipe zu bleiben, bis sie mit der Technik vertraut sind und ihr Gleichgewicht sicher halten.

81

Die Technik des Skilanglaufs

Skilanglauf oder Skiwandern heißt gleiten. Lassen Sie die Ski gleiten, dann haben Sie Ihren Spaß an diesem Sport. Für den Anfang empfehle ich eine gut gepflegte Loipe, die möglichst eben ist und wenig Schwierigkeiten bietet. Skiwandern kann eigentlich auf Anhieb jeder. Man muß nur wissen wie.

In der Grundstellung sind die Knie leicht gebeugt. Jetzt drücken Sie sich mit einem Fuß ab, gleiten und ziehen den anderen Fuß gleitend hinterher. Im Grunde genommen machen Sie normale Gleitschritte, nur mit eben einer durch den Ski und Schnee bedingten längeren Gleitphase.

Der ganze Trick besteht im »richtigen« Gehen. Wie beim Gehen, wo Arme und Füße diagonal gegeneinander schwingen, so gleiten Sie auch mit den Langlaufski. Ein Rhythmus, den Sie kennen.

Was Sie anfangs stören wird, sind die langen Skistöcke, mit denen Sie unwillkürlich Ihre Gleitbewegung begleiten und unterstützen wollen. Da gibt es ein ganz probates Mittel. Lassen Sie am Anfang die Stöcke einfach weg, versuchen Sie es zunächst einmal ohne Stöcke. Das ist auch gut für Ihr Gleichgewicht. Ohne Stöcke lernen Sie es viel leichter und schneller, auf dem Langlaufski Ihr Gleichgewicht zu halten (Abb. 81).

Sie lernen den richtigen Bewegungsrhythmus leicht, wenn Sie anfangs die Armbewegungen etwas übertreiben. Achten Sie aber darauf, daß Sie das nicht auch mit den Füßen tun. Das Gleitbein darf von Ihnen nicht zu weit nach vorn gesetzt werden. Das ist *der* Anfängerfehler. Dadurch wird es ziemlich schwierig, das

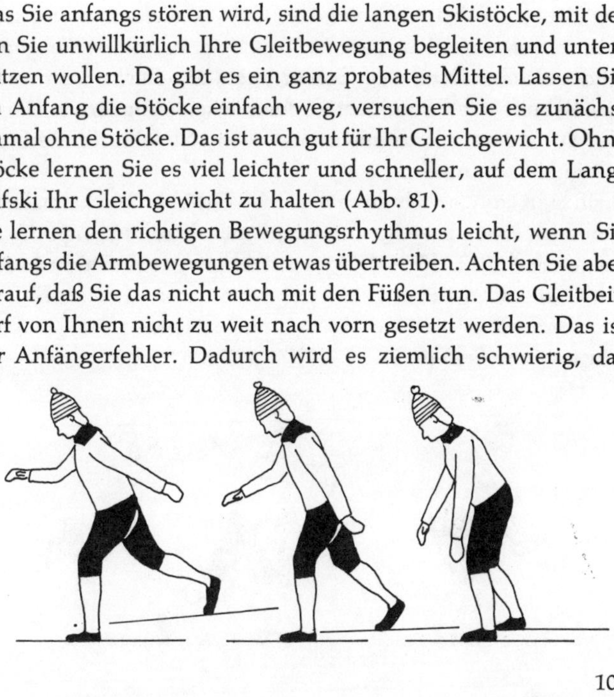

81

Gleichgewicht zu halten, was doch so wichtig ist. Gleichgewicht ist bei jeder Art des Skilaufs die Grundlage – wie auch im täglichen Leben. Setzen Sie das Gleitbein zu weit nach vorn, werden Sie den anderen Fuß – um das Gleichgewicht nicht zu verlieren – sofort wieder fest in die Spur setzen. Aus dem gewünschten Gleiten wird dann ein jämmerliches Rutschen.
Doch Sie wollen ja richtigen Skilanglauf betreiben. Sie haben nun ohne Stöcke geübt, sind sicher in der Loipe, da können wir es auch einmal mit den Stöcken versuchen und den sogenannten *Doppelstockschub* üben. Diese Schrittart ist leicht zu erlernen. Ganz einfach, weil Sie in Ihnen liegt. Sie können das, Sie wissen es nur nicht.
Setzen Sie beide Skistöcke vor sich und schieben Sie kräftig mit beiden Armen gleichzeitig ab, unterstützen Sie diesen Schwung mit dem ganzen Körper.
Der nächste Schritt ist dann der *Doppelstockschub mit Zwischenschritt,* eine Kombination aus dem normalen Diagonalschritt und dem Doppelstockschub (Abb. 82). Das ist die schnellste und kraftvollste Schrittart, zu der man allerdings etwas Übung braucht und das Gleichgewicht auf den schmalen Brettern gut halten können muß.
Doch man läuft ja nicht nur im ebenen Gelände. Manchmal muß man auch etwas ansteigen. Solange man kann, tut man das im Diagonalschritt (Abb. 83). Wird das Gelände steiler, geht man in den Grätenschritt über (siehe Lektion 5) oder – falls es für den Grätenschritt zu steil ist – in den Halbtreppen- oder Treppenschritt (siehe Lektion 5).

82

83

Wer ansteigt, muß auch abfahren. Das ist, da der Ski ja nur an der Spitze mit dem Schuh verbunden ist – von Spezialbindungen einmal ganz abgesehen –, für den Anfänger nicht ganz einfach, aber dennoch zu meistern. In der normalen Abfahrtshaltung müssen Sie die Knie ganz leicht beugen, stehen Sie locker und bequem auf dem Ski. Arme und Skistöcke werden zum Ausgleich des Gleichgewichts leicht zur Seite gehalten und die Stöcke möglichst nicht eingesetzt.

Wird es Ihnen in der Loipe zu schnell, spuren Sie über in den Tiefschnee daneben, der Sie bremsen wird. Haben Sie den Eindruck, daß auch das nicht hilft und Sie gefährlich schnell werden, dann ziehen Sie die »Notbremse«, machen Sie einen kontrollierten Sturz, indem Sie sich seitlich rückwärts fallen lassen. Wie man aufsteht, können Sie in der Lektion 4 nachlesen.

Das müßte für den Anfang genügen. Nun noch

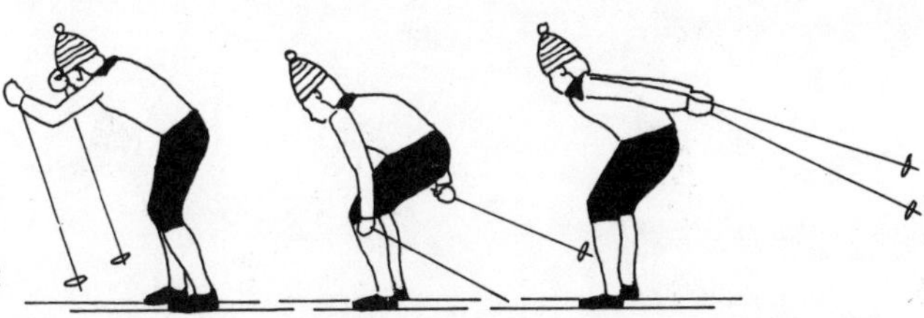

82

10 goldene Regeln für Skilangläufer

1. Langlaufschuhe müssen weich sein und ganz genau passen. Ist der Schuh zu groß, haben Sie eine schlechte Skiführung, ist der Schuh zu klein, laufen Sie sich Blasen oder Druckstellen.
2. Für den Langläufer gilt noch eine alte Faustregel: Die Skispitze muß in den Handteller der nach oben ausgestreckten Hand passen. Oder: Körpergröße plus 25 bis 30 Zentimeter gleich Skilänge.
3. Die Stöcke müssen bei nach außen seitwärts gestreckten Armen genau unter die Achseln passen.
4. Schweißsaugende und luftdurchlässige Kleidung tragen. Drei dünne Pullover sind besser als ein dicker.
5. Tragen Sie eine Wollmütze.
6. Gehen Sie nicht unvorbereitet in die Loipe. Machen Sie vorher einige gymnastische Lockerungsübungen.
7. Anfänger sollten auf einer kleinen Rundspur einige Runden ohne Stöcke laufen. Das fördert das Gefühl für den richtigen Laufrhythmus.
8. Am Anfang langsam laufen, nichts überhasten. Gute Fachliteratur hilft Ihnen beim Erlernen der Lauftechnik. Ich empfehle Ihnen das in der Reihe Heyne Ratgeber erschienene Buch 4390 Motz/Ulrich, Skilanglauf – wie und wo?
9. Kleidung zum Wechseln mitnehmen. Nach dem Lauf die verschwitzte Kleidung wechseln, wenn möglich duschen.
10. Zum Aufwärmen nach dem Lauf empfiehlt sich heißer Tee mit Zitrone und Traubenzucker oder Fleischbrühe, die man in einer Thermosflasche mitnehmen sollte.

Und nun viel Spaß beim Langlauf.

Lektion 12

Generelle und für jeden verbindliche (!) Regeln für den Skilauf, die man beachten muß

Seit das Skilaufen ein Massensport geworden ist, hat sich leider auch die Anzahl der Skiunfälle auf den Pisten sehr erhöht. Das Skilaufen bringt natürlich wie jede Sportart für den Ausübenden nicht nur Vergnügen, sondern auch Risiken und darüber hinaus Verantwortung in strafrechtlicher wie zivilrechtlicher Hinsicht mit sich. Vor allem, wenn sich der Skifahrer auf der Piste nicht vorschriftsmäßig verhält.
10 Regeln, erarbeitet von Experten der FIS und verschiedener nationaler Skiverbände, muß jeder Skifahrer unbedingt beachten und einhalten. Denn ihre Einhaltung oder Nichteinhaltung wird in den Alpenländern bei Streitfragen vor Gericht zur Grundlage der Rechtsprechung gemacht. Diese Verhaltensregeln, auch »10 Gebote der Fairneß« genannt, lauten wie folgt:

1. Rücksicht auf die anderen Skifahrer
Jeder Skifahrer hat sich so zu verhalten, daß er keinen anderen Skifahrer gefährdet, schädigt oder mehr als nach den Umständen vermeidbar behindert oder belästigt.

2. Beherrschung von Geschwindigkeit und Fahrweise
Jeder Skifahrer muß kontrolliert fahren, das heißt, seine Geschwindigkeit und seine Fahrweise müssen seinem Können, den Schwierigkeiten des Geländes, der Schneebeschaffenheit und den Witterungsverhältnissen angepaßt sein. Dieser Grundsatz gilt auch beim Befahren markierter Pisten oder beim Training für Skirennen.

3. Wahl der Fahrspur

Der von hinten kommende Skifahrer muß seine Fahrspur so wählen, daß er den vor ihm fahrenden Skiläufer nicht gefährdet. Jeder Skifahrer muß das vor ihm liegende Gelände und die darin laufenden anderen Skifahrer ständig genau beobachten und unter Wahrung eines genügenden Sicherheitsabstandes stets in der Lage sein, im Notfall rechtzeitig abzuschwingen oder anzuhalten.

4. Überholen

Überholt werden darf von oben oder unten, von rechts oder von links, aber immer nur in einem Abstand, der dem zu überholenden Skifahrer für alle seine möglichen Aktionen und Bewegungen genügend Spielraum läßt. Eine Pflicht des zu überholenden Skifahrers, sich nach hinten zu orientieren, besteht grundsätzlich nicht.

5. Pflichten des unteren und des querenden Skifahrers

Jeder Skifahrer, der in eine Abfahrtsstrecke einfahren oder ein Skigelände queren (traversieren) will, muß sich zuvor nach oben und unten vergewissern, daß er dies ohne Gefahr für sich und andere tun kann. Das gilt auch nach jedem Anhalten.

6. Unterbrechung der Abfahrt

Jeder Skifahrer muß es vermeiden, sich ohne Not an engen oder unübersichtlichen Stellen einer Abfahrtsstrecke aufzuhalten. Ein gestürzter Skifahrer muß eine solche Stelle so schnell wie möglich frei machen.

7. Aufstieg

Der aufsteigende Skifahrer darf nur den Rand einer Abfahrtsstrecke benutzen; er muß auch diesen bei schlechten Sichtverhältnissen verlassen. Das gleiche gilt auch für den Skifahrer, der zu Fuß absteigt.

8. Beachtung der Zeichen

Jeder Skifahrer muß die Zeichen (Markierungen und Hinweisschilder) auf den Abfahrtsstrecken beachten.

9. Verhalten bei Unfällen

Bei Unfällen ist jeder zur Hilfeleistung verpflichtet.

10. Ausweispflicht

Jeder, ob Zeuge oder Beteiligter, ob verantwortlich oder nicht, muß bei einem Unfall seine Personalien angeben, wenn er dazu aufgefordert wird.

Diese »10 Gebote der Fairneß« sind gewissermaßen die »Straßenverkehrsordnung für Skifahrer«, um deren Einhaltung sich jeder Skifahrer in seinem und im Interesse anderer bemühen sollte. Für den »Fall des Falles«, der trotz Vorsicht und Rücksicht nicht ausgeschlossen werden kann, bietet der Deutsche Skiverband (DSV) seinen DSV-Spezial-Versicherungsschutz. Informationen darüber direkt beim Deutschen Skiverband, Sonnenstraße 10, 8000 München 2 oder in den Sportfachgeschäften durch die Broschüre »Sicherheit im DSV«.

Auf stark frequentierten Pisten setzen übrigens immer mehr Wintersportorte eine sogenannte Pistenpolizei ein, die die Einhaltung dieser Regeln überwacht und bei Unfällen Protokolle aufnimmt oder gegen Pistenrowdies – leider gibt es die auch – einschreitet.

Lektion 13

Kleine Erläuterung der Skiwettbewerbe
Der alpine Skirennlauf: Abfahrtslauf – Riesenslalom – Spezialslalom
Die nordischen Disziplinen: Skispringen – Skilanglauf – Die nordische Kombination – Biathlon

Seit das Skifahren zum Massensport geworden ist, sind auch die Skiwettbewerbe für die breite Masse attraktiver geworden. Die Amateur-Ski-Wettbewerbe genauso, wie die für »professionelle« Amateure und für Ski-Profis. In origineller Weise fördern zum Beispiel in den deutschen Skigebieten viele Wintersportorte sogenannte Familienwettbewerbe, in denen Vater, Mutter und Kinder in verschiedenen Disziplinen getrennt oder gemeinsam antreten und in jedem Fall neben den jeweiligen Einzelsiegern auch die erfolgreichsten Familien preisgekrönt werden.
Doch der Wochenend- oder Ferien-Wintersportler, der gerade den Reiz des Skilaufs entdeckt hat, sieht nun natürlich die Skiwettbewerbe der Meister mit anderen Augen und größerem »fachmännischen« Interesse. Diese Wettbewerbe, die meist vom Fernsehen übertragen werden, gliedern sich in den alpinen Skirennlauf, die nordischen Disziplinen und Biathlon. Hier eine kurze Übersicht über diese Wettbewerbe, die Jahr für Jahr immer mehr Zuschauer in ihren Bann ziehen.

A. Der Alpine Skirennlauf

1. Der Abfahrtslauf

Vom Abfahrtslauf (Olympische Disziplin seit 1936) sagen viele, er stelle die Krönung des alpinen Rennlaufs dar. Beim Abfahrtslauf wird eine gewisse, genau abgesteckte Strecke mit einem Höhenunterschied von bei Herren 500 bis 1000 Metern, bei Damen 500 bis 800 Metern durchlaufen, dabei werden Geschwindigkeiten von 100 Stundenkilometern und mehr erreicht.
Die Strecke wird durch Richtungsfähnchen markiert und soll an der engsten Stelle mindestens 20 Meter breit sein. Auf der linken Seite in Abfahrtsrichtung stehen die roten, auf der rechten Seite in Abfahrtsrichtung die grünen Fähnchen. Gelbe Fähnchen signalisieren eine für den Läufer nicht sichtbare, also verborgene Gefahr, eine plötzliche Mulde etwa oder einen unter dem Schnee verborgenen Felsen.
Im allgemeinen werden die Veranstalter die Strecke durch sogenannte Pflichttore entschärfen, die bei Herren mindestens acht, bei Damen mindestens fünf Meter breit sein müssen. Sie werden durch zwei Stockpaare gekennzeichnet, zwischen die jeweils »die Fahne« gespannt ist, deren unterer Rand mindestens einen Meter über der Schneefläche gespannt sein muß. Bei Herren sind die Fahnen rot, bei Damen abwechselnd rot und blau.
Hindernisse für Skirennläufer, die zwar außerhalb der Strecke liegen, ihnen bei einem Sturz aber gefährlich werden können, müssen gemäß den Bestimmungen der Fédération Internationale de Ski (FIS) vom Veranstalter durch Strohmatten oder Fangnetze abgesichert werden. Abfahrtsstrecken innerhalb von Waldstükken müssen eine Mindestbreite von 20 Metern haben.
Die Strecke muß gut präpariert sein, das heißt, Steine, Baumwurzeln oder ähnliches dürfen die Sicherheit der Rennläufer nicht gefährden. Kurioserweise haben aber gerade die Sicherheitsbedingungen dazu beigetragen, die Strecke für die Rennläufer immer gefährlicher, weil schneller zu machen. Denn gerade dadurch, daß die Verantwortlichen in dem Bestreben Todesstürze zu vermeiden, die Pisten und Trassen verbreiterten über die

zwanzig Meter Mindestbreite hinaus, haben sie sie auch meist begradigt, was die Strecke noch schneller macht. Die technische Entwicklung der Ski, ihrer Laufflächen, die neuen Techniken des Gleitens haben dazu geführt, daß die Läufer auf denselben Strekken immer schneller werden. Hinzu kommt, daß man in dem Bestreben, die Strecken zu entschärfen, die Unebenheiten beseitigte, Buckel, Kanten und Steilstücke glättete. Dadurch ist der Läufer nicht mehr gezwungen zu bremsen, was wiederum die Geschwindigkeit erhöht und mit ihr die Gefahr für den Läufer.
Um wirklich mehr Sicherheit zu erreichen, hätte man aber die Abfahrtspisten kurviger anlegen müssen und gewisse »Bremsstrecken« für den Fahrer darin lassen sollen.
Nun muß beim Abfahrtslauf im Training die Strecke schon – im Gegensatz zum Slalom und Riesenslalom – voll durchfahren werden. »Non-Stop-Training« heißt das. In diesem Training unter Rennbedingungen durchfahren die Läuferinnen und Läufer die Strecke meist mehrmals ohne anzuhalten (also Non-Stop); sie können sich so mit der Strecke und ihren Tücken vertraut machen und sehen, wo die Geschwindigkeit sich steigert, wo man zulegen oder wegnehmen muß. Allerdings allzu vorsichtig darf man auch nicht fahren, denn die im Training unter Rennbedingungen erzielten Zeiten sind mitbestimmend für die Startnummer im Rennen.
Der Abfahrtslauf, »die Krönung des alpinen Rennlaufs«, verlangt große – bei den Meistern ungeheure – Leistungen an Kraft und Ausdauer. In der kurzen Zeit des Abfahrtslaufs muß der Läufer in Höchstgeschwindigkeit Steilhänge, extreme Kurven, schwierigstes Gelände, gefährliche Waldschneisen durchrasen. Bodenwellen zwingen ihm Sprünge von vielen Metern Weite ab, die Kraft und Zeit kosten. Und das alles beim Kampf um Hundertstelsekunden. Als aerodynamisch günstigste und zugleich »schnellste« Haltung gilt noch immer der Ei-Stil.

2. Der Spezialslalom

Beim Spezialslalom (Olympische Disziplin seit 1936) muß der Läufer eine bestimmte, mit Toren ausgesteckte Strecke durch-

fahren, und zwar im Wettkampf zwei verschiedene Slalomstrekken je einmal. Beide Ergebnisse zusammengerechnet ergeben das Endergebnis.
Nach den Wettkampfbestimmungen besteht eine internationale Wettkampfstrecke für Herren aus 55 bis 75 Toren, für die Damen aus 40 bis 60 Toren, die Neigung der Strecke muß bei 25 Prozent der Strecke mindestens 30 Grad betragen, der Höhenunterschied, soll bei den Herren zwischen 75 und 200 Metern, bei den Damen zwischen 60 bis 180 Metern liegen.
Ein Slalomtor besteht aus zwei mit gleichen Farben ausgestatteten Stangen. Die Tore wechseln ständig mit den Farben Rot und Blau. Zur Sicherheit bestehen die Stangen aus nicht splitterndem Material, im Fuß federnd. Die Slalomstangen müssen mindestens 1,80 Meter aus dem Schnee herausragen. Die Tore müssen mindestens vier, höchstens fünf Meter auseinanderstehen, der Abstand zwischen den Toren soll mindestens 75 Zentimeter betragen.
Slalomfahrer müssen über ein ausgezeichnetes fahrtechnisches Können verfügen, reaktionsschnell sein und die exakte Skiführung im Schlaf beherrschen. Außerdem empfiehlt sich ein gutes Gedächtnis für die Streckenführung, denn selbst gute Läufer können nur gewinnen, wenn sie sich die einzelnen Tore passagengenau einprägen. Ein einziges ausgelassenes Tor auf der meist kompliziert gesteckten Strecke bedeutet schon die Niederlage.
Bei den Toren kombiniert man auf der Strecke zur Erhöhung der Schwierigkeiten Horizontaltore, Vertikaltore, Haarnadeltore, schräge Doppeltore, Seelos-Tore, Schlupftore. Das letzte Tor der Strecke muß ein Horizontaltor sein, das den Skiläufer direkt auf das Ziel zuführt.
Heute werden im allgemeinen Slalompisten wegen der starken Beanspruchung sehr hart präpariert und oft sogar mit Wasser oder chemischen Zutaten künstlich erhärtet. Deshalb sind richtig präparierte – notfalls nachgeschliffene – Kanten und ihr richtiger Einsatz für den Sieg im Spezialslalom oft von entscheidender Bedeutung.

3. Der Riesenslalom

Der Riesenslalom, 1950 als olympische Disziplin aufgenommen und bei den Olympischen Winterspielen 1952 zum erstenmal durchgeführt, ist im Grunde eine Mischung aus Abfahrtslauf und Slalom. Beim Riesenslalom sind die Tore viel weiter auseinander gesteckt als beim Spezialslalom. Zwischen den einzelnen Toren muß ein Mindestabstand von fünf Metern und ein Höhenunterschied von mindestens acht Metern liegen.

Die Tore sind mit je zwei Doppelstangen, zwischen denen eine Fahne gespannt ist, auf der linken und rechten Seite begrenzt. Die Fahne muß mindestens 75 Zentimeter breit und 50 Zentimeter hoch sein, ihr unteres, straff gespanntes Ende muß mindestens einen Meter von der Schneeoberfläche entfernt liegen. Die Farbe der Fahnen wechselt von Tor zu Tor zwischen Rot und Blau.

Eine Riesenslalomstrecke muß mindestens 30 Tore und einen Höhenunterschied von mindestens 250 Metern aufweisen. Bei den Damen liegt die obere Begrenzung im Höhenunterschied bei 450, bei den Herren bei 500 Metern. Die Tore müssen zwischen vier und acht Metern breit sein. Die Rennstrecke muß eine Mindestbreite von 30 Metern aufweisen.

Jeder Rennläufer wird bemüht sein, in der Ideallinie durch die Tore zu fahren, sie also möglichst eng zu durchfahren, um Zeit zu sparen, Geschwindigkeit zu gewinnen, die Strecke auf der Ideallinie – der kürzesten also – zurückzulegen. Dafür benutzen die Rennläufer eine Reihe moderner Techniken wie Jetten, Umsteigen, Bogentreten etc. und müssen sehr exakt schwingen können, um jede Bremswirkung zu vermeiden.

B. Die Nordischen Disziplinen

1. Das Skispringen

Die Skispringer springen mit Spezial-Sprungski von einer Schanze auf eine schräge Aufsprungbahn. Den Nutzen dieser schrägen Aufsprungbahn hat ein norwegischer Skispringer aus Telemark entdeckt, der herausfand, daß man auf einer steilen

Aufsprungfläche sicherer landen kann, als auf einer ebenen Piste. Das war so um 1840. Im Jahre 1879 lag der Weltkrekord im Skispringen bei 23 Metern. 1890 wurde das Skispringen auch in Deutschland populär. Den ersten deutschen Sprungwettbewerb am Taubenberg bei München gewann der Norweger Wium mit einer Weite von 14,5 Metern. Heute werden beim sogenannten »Skifliegen« Weiten von über 150 Metern erzielt. Bei Sprungwettbewerben der Olympischen Spiele wird von zwei Schanzen gesprungen: einer kleinen und einer großen, die unterschiedliche Weiten zulassen. Gewertet werden die jeweils weitesten Sprünge. Bei der Gesamtwertung werden auch Haltung, Skiführung und Aufsprung mitbewertet.

2. Der Skilanglauf

Der Skilanglauf ist unter allen Sportarten eine der härtesten Disziplinen. Die Läufer kämpfen hier in sehr unterschiedlichem Gelände mit Steigungen und Abfahrten in einer präparierten Laufbahn, Loipe genannt, auf 15 bis 50 Kilometer langen Strecken um Hundertstelsekunden. Sie werden nacheinander gestartet und laufen das Rennen praktisch für sich allein und gegen die Uhr.
Der bekannteste Skilanglauf – ein Volkslauf – ist der König Wasa-Lauf, der alljährlich in Schweden zwischen Mora und dem 85 Kilometer entfernten Sälen ausgetragen wird und an dem sich viele Tausend Langläufer beteiligen. Statistiker haben errechnet, daß man für diese 85 Kilometer lange Strecke rund 43 000 Stockstöße braucht.
Das Rennen dient dem Andenken jener beiden schwedischen Bauern, die rund 400 Jahre zuvor auf Ski diese Strecke durcheilten, um die Hilfe König Wasas gegen die dänischen Eroberer zu erbitten.

3. Die nordische Kombination

Dieser Wettbewerb ist eine Kombination von Langlauf – meist über 15 Kilometer – und Skispringen von einer Normal- (also keiner Flug-) Schanze. Das Ergebnis wird nach einem Punktesystem ermittelt.

4. Biathlon

Eine weitere Kombination ist der Biathlon, bei dem der Skilanglauf mit einem Schießwettbewerb, der auf der Langlaufstrecke durchgeführt wird, kombiniert wird. Auch hier entscheidet eine Punktewertung über den Sieger.

Lektion 14

Kleines Pisten-ABC, Erklärung von Fachausdrücken

Abfahrtslauf	Wettkampfdisziplin über einen Höhenunterschied von 800 bis 1000 Metern bei Herren und 400 bis 700 Metern bei Damen, bei der die Streckenführung den Läufern überlassen bleibt, wenn sie nur die gesteckten Richtungstore passieren. Die gefahrene Zeit entscheidet über den Sieg. Es werden hohe Geschwindigkeiten gefahren.
Abstoßbein	Das Bein, mit dem sich der Skiläufer beim Schwingen »abstößt«.
Art-Furrer-Schwung	Trickschwung nach dem Schweizer Skiakrobaten Arthur Furrer. Die Schwünge werden jeweils auf dem Außenski gemacht, der Innenski etwa auf Schuhhöhe angehoben und vor dem Außenski gekreuzt. Sobald der Schwung gemacht ist, wird der Innenski parallel gezogen.
Außenskibelastung	Beim Fahren von Bogen Belastung des Ski, der außen steht.
Beinspiel	Pendeln der Unterschenkel aus den Knien heraus seitwärts nach rechts und links.
Belastungswechsel	Verlagern des Körpergewichts von einem Ski auf den anderen.
Bergski	Der beim Fahren oder Gleiten am Hang oben – also zum Berg zu – liegende Ski. Gegensatz: der Talski, der dem Tal zugewendet ist, also unten liegt.
Bogentreten	Besondere Umsteigetechnik beim Skifahren, mit der man schneller zu einer Richtungsänderung kommt. Von Rennläufern gern benutzt.
Braquage	Erstmals von Georges Joubert geschilderte Technik eines Drehschwungs zum Bremsen, Richtungsändern, Vorbereitung zum Wedeln.

Ei-Form	Günstige aerodynamische Haltung eines Rennläufers beim Abfahrtslauf.
Fallinie	Direkte Linie vom Berg zum Tal.
Flamingoschwung	Trickschwung, bei dem mehrere Schwünge hintereinander auf einem Ski gefahren werden. Dabei wird abwechselnd die Außen- und die Innenkante zum Ausbalancieren benutzt.
Fuzzy-Schwung	Eine Art Klammerschwung in extremer Hocke, sehr breitbeinig gefahren. Trickschwung nach Fuzzy Garhammer benannt.
Gewichtsverlagerung	Siehe Belastungswechsel.
Grätenschritt	Methode, mit x-förmig gespreizten Ski einen steilen Hang zu ersteigen. Skispitzen weit außen, Skienden innen zusammen. Im Schnee zeichnet sich ein Grätenmuster ab.
Hüftknick	Leichtes Einknicken der Hüfte, während der Oberkörper leicht nach außen fällt.
Innenski-Schwung	Fahrweise, bei der die Schwünge auf dem Innenski durchgeführt werden.
Jetten	Der Skiläufer sitzt in starker Rücklage fast auf seinen Ski, die Skispitzen sind angehoben, gesteuert werden die Ski von den Skienden. Fahrweise, die vor allem im Tiefschnee und auf Buckelpisten angewandt wird.
Kanteneinsatz	Starkes Einsetzen der Kanten beim Schwingen, Steigen oder Bremsen.
Kantenwechsel	Belastungswechsel der Kanten auf Innen- oder Außenkante, um das Bogenschwingen zu erleichtern.
Klammerschwung	Beim Klammerschwung wird auf dem Innenski in extremer Hocke weitergefahren, wenn der Außenski wegrutscht.
Kurzschwung	Besonders kurze, aneinandergereihte Schwünge.

Kurzski	Auch Miniski genannt, die von vielen Skischulen für Anfänger empfohlen werden; 65 bis 100 Zentimeter lang.
Parallelschwung	Bogenfahren mit parallel gestellten Ski.
Pflugbogen	Richtungsänderung im Bogen durch Belastungswechsel in einer Skistellung, die einem Pflug gleicht.
Riesenslalom	Alpine Disziplin auf einer Strecke, bei der Tore, die durchfahren werden müssen, abgesteckt sind.
Rotationsschwung	Ein Kippschwung, bei dem sich der Läufer wie ein Motorradfahrer in die Kurve legt und bei gestreckter Innenlage die Ski nach außen dreht.
Scherenstellung	Der Abstand von Skispitze zu Skispitze ist weiter als der von Skiende zu Skiende.
Schrägfahrt	Der Skifahrer kreuzt den Hang schräg.
Schußfahrt	Abfahrt in der Fallinie ohne Schwünge.
Spezialslalom	Alpine Disziplin auf einer Abfahrtsstrecke mit 55 bis 75 Toren für Herren und 40 bis 60 Toren für Damen, die durchfahren werden müssen. Das Gefälle der Strecke muß bei 25 Prozent mehr als 30° betragen, der Höhenunterschied liegt bei Herren zwischen 75 und 200 Metern, bei Damen zwischen 60 und 180 Metern.
Spitzkehre	Richtungsänderung aus dem Stand durch Umsetzen der Ski.
Stemmschwung	Bogenfahren mit ausgestemmten Ski, die von den Skispitzen bis zu den Skienden ein V bilden und nach dem Bogen wieder parallel geführt werden.
Stockeinsatz	Einsatz der Stöcke beim Bogenfahren oder beim Gräten- und Treppenschritt.
Talski	Der untere, dem Tal zugewandte Ski. Gegensatz: Bergski.
Treppenschritt	Der Skifahrer steigt seitwärts, Bergski vor Talski setzend, den Hang aufwärts. Er hinterläßt eine Spur wie eine Treppe. Beim Halbtreppenschritt geht er in gleicher Weise den Hang schräg an.

Umsteigeschwung	Parallelschwung mit einer Hoch-Tief-Entlastung und extremem Einsatz des Außenski, bei dem der Innenski leicht angehoben werden kann.
Vorlage	Der Oberkörper wird nach vorn geneigt, die Fersen entlastet, die Skienden lassen sich leichter vom Boden abheben.
Wedeln	Rhythmisches Aneinanderreihen von kurzen Schwüngen beim Kreuzen der Fallinie.

Register

T

U